RELATION
D'UN VOYAGE FAIT EN EUROPE

ET DANS [...]

A LA FIN DU XVII[...] SOUS LE RÈGNE DE CHARLES VIII.

PAR MANTUR,

[...]

Traduite de l'Arménien et accompagnée du [...]

Par M. J. Saint-Martin,

Membre de l'Institut, de l'Académie des Inscriptions et [...]
Administrateur de la Bibliothèque royale de [...]

PARIS,

LIBRAIRIE ORIENTALE DE DONDEY-DUPRÉ [...]

[...]

RELATION

D'UN

VOYAGE FAIT EN EUROPE
ET DANS L'OCÉAN ATLANTIQUE,

A LA FIN DU XVe SIÈCLE, SOUS LE RÈGNE DE CHARLES VIII.

RELATION

D'UN

VOYAGE FAIT EN EUROPE

ET DANS L'OCÉAN ATLANTIQUE,

A LA FIN DU XVe SIÈCLE, SOUS LE RÈGNE DE CHARLES VIII,

PAR MARTYR,

ÉVÊQUE D'ARZENDJAN.

TRADUITE DE L'ARMÉNIEN ET ACCOMPAGNÉE DU TEXTE ORIGINAL.

Par M. J. Saint-Martin,

Membre de l'Institut, de l'Académie des Inscriptions et Belles-Lettres,
Administrateur de la Bibliothèque royale de l'Arsenal, etc.

PARIS,

LIBRAIRIE ORIENTALE DE DONDEY-DUPRÉ PÈRE ET FILS,

IMP.-LIB. ET MEMB. DE LA SOCIÉTÉ ASIATIQUE DE PARIS,

Lib. de la Soc. Roy. Asiat. de la Grande-Bretagne et d'Irlande, sur le Continent,

RUE RICHELIEU, N° 47 *bis*, ET RUE SAINT-LOUIS, N° 46.

1827.

AVANT-PROPOS.

Le petit écrit dont je vais donner une traduction française, est le simple et naïf récit d'un voyage fait en Europe, à la fin du quinzième siècle, par un évêque venu de la grande Arménie. L'auteur ne paraît avoir eu, en entreprenant ce voyage, d'autre but que de satisfaire sa piété, en se conformant à un usage de son siècle et de sa nation. Son dessein, en quittant sa patrie, était de visiter les tombeaux des saints apôtres, à Rome; de faire un pèlerinage à saint Jacques en Galice, et d'aller adorer les plus célèbres reliques, conservées dans les principales villes de l'Europe. On demanderait actuellement des observations d'un autre genre, et des remarques plus importantes à un voyageur européen. On ne sera pas aussi exigeant, je l'espère, pour un religieux arménien, et peut-être lui saura-t-on quelque gré d'avoir consigné, dans son langage sans art, les souvenirs qu'il avait conservés de ses courses pénibles dans des contrées lointaines. Sa relation doit paraître curieuse en quelques points : les lieux et les objets que nous connaissons acquièrent un genre particulier d'intérêt, dans les récits et dans les descriptions d'un tel voyageur. Les circonstances qu'il insère sans dessein dans sa narration, sont d'autant plus piquantes, qu'il est impossible de contester la véracité d'un témoin aussi simple et aussi désintéressé.

Ce voyageur ne se borna pas à visiter les divers pays de l'Europe, où il se trouvait des reliques célèbres, qui étaient à cette époque, les objets de la vénération universelle; il entreprit encore une longue course sur l'Océan Atlantique. Cette circonstance tout-à-fait particulière tire ce voyageur de la classe des pélerins ordinaires, et elle donne à sa relation un haut degré d'intérêt. Elle me fournira aussi l'occasion de faire diverses remarques, et plusieurs observations historiques, au sujet des voyages exécutés dans le grand Océan, avant la fin du quinzième siècle. Ces observations doivent naturellement trouver place à la tête de cette relation; cependant avant de les exposer, je donnerai le peu de renseignemens, que j'ai réunis sur l'auteur, et je ferai connaître le manuscrit d'où je l'ai tirée.

§ I. *De la vie et des ouvrages de Martyr, évêque d'Arzendjan.*

Je ne possède, sur la vie de cet auteur, d'autres détails, que ceux qu'il donne lui-même dans son ouvrage: ils se réduisent à peu de chose. Il nous apprend qu'il s'appelait Martiros ou Martyr, et qu'il était évêque d'Arzendjan, grande ville d'Arménie, qui était aussi sa patrie. Cette ville s'appelait *Ezenga* Եզնկայ en arménien. *Arzendjan* ارزنجان est le nom que lui donnent les Turcs, les Persans et tous les orientaux musulmans (1). Elle est située sur la rive droite de l'Euphrate, à trois journées de distance, au sud-ouest d'Arz-roum. On voit par ce que dit l'auteur en commençant sa narration,

---

(1) Voyez mes *Mémoires historiques et géographiques sur l'Arménie*, t. 1, p. 71.

qu'il habitait ordinairement à *Norkiegh*, Նորքեղ. c'est-à-dire *le nouveau village*, dans le monastère de Saint-Ghiragos ou Cyriaque. Ce monastère, situé sur une montagne, et environné de bois, est au sud d'Arzendjan, dans une des plus belles et des plus riantes situations de la contrée. L'église est jolie, mais petite. On trouve dans son voisinage un village kurde, environné d'une forte muraille. Les évêques arméniens d'Arzendjan y font souvent leur séjour. L'église communique son nom au village, qui est appelé *Saint-Ghiragos*. On lui donne aussi le nom de *Maïr-houghida*, մայր յուղիտա, c'est-à-dire *la mère Houghida* (1). *Houghida* ou Juliette était une chrétienne d'Iconium, mère du martyr Cyriaque ou *Ghiragos*, qui, selon les martyrologes arméniens, fut mise à mort avec son fils à Tarse en Cilicie, par les ordres de Dioclétien.

Le récit du voyage que l'évêque d'Arzendjan fit en Europe et dans l'Océan Atlantique, depuis l'an 1489, jusqu'en 1496, est l'unique ouvrage que l'on possède de lui, et il est peut-être le seul, qu'il ait jamais composé. Il est écrit en arménien vulgaire, dans un style simple, sans art, un peu incorrect, et souvent mêlé de mots étrangers ; ce qui en rend quelquefois l'intelligence difficile. Je l'ai tiré du manuscrit arménien de la Bibliothèque du Roi, n° 65, qui contient un recueil de prières et d'histoires pieuses, écrites dans un langage arménien-vulgaire, mêlé de beau-

---

(1) J'emprunte tous ces détails à la *Géographie moderne de l'Arménie*, tome II, p. 100, *Description du pachalik d'Arzroum*, composée en arménien par le docteur Indjidjian de Constantinople, et imprimée à Venise en 1806.

coup de mots turcs. La copie a été faite à Constantinople, et achevée le 22 décembre de l'an 1133 de l'ère arménienne, qui correspond au 12 décembre (nouveau style) de l'an 1684 de notre ère. Elle est mal écrite et elle contient beaucoup de fautes.

On trouvera à la suite de ma traduction, l'original de cette relation. Le texte, évidemment fautif et altéré en plusieurs endroits par le copiste, a été corrigé. J'y ai ajouté quelques notes, pour faire connaître les principales variantes du manuscrit, et pour donner l'explication de divers mots qui ne se trouvent pas dans les lexiques arméniens. J'ai négligé d'indiquer tous les changemens causés par les fautes d'orthographe, qui sont très nombreuses dans le manuscrit. Il m'a fallu, en un petit nombre d'endroits, suppléer quelques mots qui me paraissent avoir été omis. Je les ai placés entre parenthèses.

§ II. *Observations historiques sur les voyages entrepris dans l'Océan Atlantique, avant la découverte de l'Amérique par Christophe Colomb.*

Après ces détails indispensables, je reviens à ce qu'il y a d'essentiel et de remarquable dans cette relation, je veux dire le voyage de son auteur dans l'Océan Atlantique. On a déjà vu que l'évêque arménien vivait à la fin du quinzième siècle ; il était ainsi contemporain de Christophe Colomb. Il parcourait l'Espagne dans le tems même où ce célèbre navigateur traversait une seconde fois les flots de l'Atlantique, pour étendre les découvertes qu'il avait si glorieusement commencées. On ne devait guère s'attendre à trouver dans une langue étrangère à l'Europe, dans un manuscrit arménien, et dans le récit d'un pieux pélerinage, des détails qui semblent se rattacher à ce grand événement.

Ces détails sont très-courts, il est vrai, bien peu développés, mais, tels qu'ils sont, ils sont neufs, et tout-à-fait propres à fixer sur cette relation l'attention des personnes instruites. Ils nous font connaître une entreprise du même genre que celle de Christophe Colomb, un voyage de découverte, resté ignoré jusqu'à présent, peut-être parce qu'il n'eut aucun résultat important, ce dont au reste il est assez difficile de bien juger, d'après le récit de l'évêque arménien. Toutefois l'époque à laquelle ce voyage se fit, et qui est seulement postérieure de dix-neuf mois à la première navigation de Colomb, et le pays où l'expédition fut préparée, sont des indications précieuses. Elles contribueront peut-être à éclaircir et à compléter les notions que l'on possède déjà, sur cette partie obscure de l'histoire des découvertes géographiques.

L'expédition dont il s'agit fut préparée dans un port de la Biscaye, et elle quitta les côtes de cette province le 8 avril 1494, ainsi que je le ferai voir dans la suite. Ce n'était pas un voyage ordinaire. Il n'eut pas d'autre objet que de découvrir de nouvelles terres. Les circonstances rapportées par l'évêque arménien sont claires et décisives, elles ne peuvent laisser de doute sur ce point essentiel.

L'entreprise fut conduite, à ce qu'il paraît, par des Biscayens. Je rappellerai à cette occasion que des autorités alléguées par Bergeron (1), et par le P. Charlevoix, dans son *Histoire de la Nouvelle-France* (2), font voir que, dès l'an 1504, c'est-à-dire douze ans seulement après le premier départ de Colomb, les Bretons, les Normands et les Basques étaient dans l'usage de fréquenter les côtes de l'île de Terre-Neuve, et même le continent voisin, où ils étaient attirés par la pêche de la morue. Le témoignage de l'amiral Jean de Verrazzano (3), qui visita ces parages en 1524, par l'ordre de François Ier, est conforme à l'opinion de ces auteurs, au moins pour ce qui concerne les longues navigations des Bretons. Ses paroles sont formelles; il dit, en parlant de l'île de Terre-Neuve : *Pervenimmo alla terra, che per il passato trovorono i Brettoni.* Ceci est bien d'accord avec une autre indication que l'on trouve dans la collection de Ramusio (4), et de laquelle il résulterait que toute la côte orientale de Terre-Neuve, aurait été découverte par les Bretons et les Normands, à une époque restée indéterminée, mais antérieure au premier voyage de Christophe Colomb. On trouve dans le même recueil (5) qu'en l'an 1507, un capitaine de Honfleur, en Normandie, nommé Jean Denis, et un certain Gamart, de Rouen, s'étaient rendus dans ces parages,

---

(1) *Traité de la Navigation*, c. xv.

(2) T. I, *Fast. chron.*, p. xiij, xviij et xlvj, et l. 1er, p. 3 et 4.

(3) Ramusio a inséré dans le 3e vol. de son recueil une lettre de Verrazzano, datée de Dieppe, le 8 juillet 1524, et qui contient le récit de sa seconde navigation. Verrazzano était Florentin.

(4) T. III, p. 417 et 418.

(5) *Ibid.* p. 423.

et qu'à la même époque toutes les côtes méridionales de l'île étaient visitées par les Portugais. Le P. Charlevoix prétend aussi (1) que le même Jean Denis publia une carte de Terre-Neuve et des régions environnantes, et il assure qu'on vit en France, en l'an 1508, un sauvage du Canada, amené par Thomas Aubert, pilote de Dieppe ; ce qui se trouve aussi dans Ramusio (2), où il est dit que le navire dieppois qui fit ce voyage s'appelait *la Pensée*.

Ces indications paraissent sûres, rien au moins ne peut porter à les révoquer en doute. Elles sont de nature à faire croire que ces parties de l'Amérique, furent découvertes peu avant, ou peu après l'époque où Christophe Colomb, se dirigea pour la première fois vers les Antilles. Elles ont même paru si concluantes à plusieurs habiles géographes du seizième siècle, tels qu'Ortélius, Mercator, Corneille Viitfliet, Pontanus, Antoine Magin, et à quelques autres plus modernes, qu'ils ont cru pouvoir les regarder comme un fait constant. Il est difficile au reste de ne pas rester convaincu, en lisant leurs ouvrages, que l'on connaissait alors le Groenland, et les régions de l'Amérique situées plus au midi, telles que Terre-Neuve et le Labrador. Selon eux, les Basques de cap Breton, près Bayonne, et d'autres pêcheurs de morue de la même province, avaient découvert l'île de Terre-Neuve, avant les voyages de Christophe Colomb. Ils ont même été plus loin, et

---

(1) *Hist. de la Nouvelle France*, t. 1, *Fast. chronol.*, p. xiij et xiv, et liv. 1er, p. 3 et 4.

(2) T. III, p. 423.

ils ont cru pouvoir assurer encore, que les mêmes navigateurs avaient reconnu les autres îles voisines de Terre-Neuve, et qu'ils s'étaient avancés jusqu'au Canada. Ils prétendent aussi qu'un pilote basque avait donné connaissance de ces découvertes à Christophe Colomb. Ils font remarquer qu'en mémoire de ces premières découvertes, on avait donné le nom de Cap Breton à l'une de ces îles. Ils font observer encore, ce qui au reste a été noté par tous les auteurs qui se sont occupés de ces matières (1), que ces îles avaient d'abord été appelées *Iles des Bacallaos*, dénomination dérivée du mot basque qui sert à désigner *la morue* (2).

Barthelemy de Las Casas répète les mêmes choses dans son *Histoire des Indes*, et il y ajoute que Terre-Neuve avait été plusieurs fois visitée par Miguel et Gaspard de Corteréal, fils du navigateur portugais, qui le premier avait reconnu Tercère, la principale des îles Açores. Ces détails sont d'accord avec d'autres renseignemens recueillis par Ramusio (3), et desquels il résulte que ces expéditions des Portugais avaient eu lieu vers l'an 1500. On apprend de plus, par les mêmes autorités, que ces deux navigateurs firent naufrage dans leur dernier voyage vers l'Amérique.

---

(1) Petr. Martyr. Angler. *oceanic.*, dec. III. c. 6. Ramusio, t. III, p. 35 et 36. Magin. *Geogr.*, part. II, p. 18. *Hist. gén. des Voyages*, éd. 4º, t. XII, p. 98 et suiv., t. XIII, p. 20 et suiv., et beaucoup d'autres.

(2) Ce mot se trouve effectivement avec ce sens dans la langue basque, d'où il est passé chez les Espagnols, qui donnent aussi à la morue le nom de *Bacallao*.

(3) T. III, p. 417 et 423.

Ces indications considérées chacune en particulier, pourraient paraître assez peu concluantes, mais il n'en est plus de même, lorsqu'elles sont réunies, et elles acquièrent alors un haut degré de vraisemblance. Elles sont même de nature à faire présumer que le souvenir des régions septentrionales de l'Amérique, découvertes, comme on le sait, à la fin du neuvième siècle, par les Scandinaves, ne s'était jamais complètement perdu dans le nord et dans l'occident de l'Europe. Je n'insiste pas sur l'expédition entreprise dans les mers occidentales pendant le douzième siècle, par le prince gallois Madoc, et mentionnée dans le Recueil de Hakluyt (1), d'après l'*Histoire du pays de Galles* de David Powell (2). L'article consacré à ce Madoc dans la *Biographie galloise*, par M. Owen (3), pourrait cependant donner lieu de croire, que les

---

(1) Part. 3, p. 506 et 507.

(2) *The historie of Cambria*, éd. de 1584, p. 224 et seq. Il est à remarquer que cette histoire est la traduction anglaise d'un original gallois, composé par Caradog de Llancarvan et par ses continuateurs de la même nation. L'histoire de Caradog s'étend jusqu'à l'an 1156; on peut consulter l'article relatif à cet écrivain dans la *Cambrian Biography*, de M. Owen, p. 41.

(3) Madoc ou Madog, fils d'Owain ou Owen, roi du pays de Gwynedd (la *Venedotia* des auteurs latins du moyen âge), vivait à la fin du douzième siècle. Il est célèbre dans les compositions poétiques des Gallois, par la découverte d'une terre située fort loin à l'ouest dans l'Océan. On rapporte que, pour éviter les dissensions qui divisaient ses frères après la mort de leur père, il y fit une seconde expédition en l'an 1170 avec son frère Rhiryd, seigneur de Clochran en Irlande, et trois cents hommes sur dix vaisseaux. Tous ces détails se trouvent dans un ancien livre de généalogies, écrit vers l'an 1460, par Ieuan ou Jean Brechva, poète et historien gallois du comté de Caermarthen,

auteurs originaux contiennent des détails plus circonstanciés. Je dois remarquer encore qu'il se trouve, dans la bibliothèque cottonienne d'Oxford (1), des vers gallois sur cette expédition, composés dans le quinzième siècle par le poète Mérédyth (2), qui vivait vers l'an 1477, par conséquent avant les voyages de Christophe Colomb. Ces vers ont été, je crois, insérés dans le Recueil de Hakluyt (3).

Je ferai observer encore qu'il est question du Groenland et de quelques autres parties de l'Amérique, situées plus au midi, dans la relation des Vénitiens Zéni, publiée pour la première fois à Venise, en 1558, par François Marcolini, et réimprimée dans le Recueil de Ramusio (4). On sait que ces deux navigateurs parcoururent les mers du Nord, à la fin du quatorzième siècle. Il n'est plus permis maintenant de douter qu'ils n'aient visité toutes les terres septentrionales reconnues autrefois, par les pirates scandinaves, et qu'ils n'aient abordé réellement sur le continent américain; et leur relation fait voir que la route de ces régions n'était pas ignorée des marins,

---

mort vers l'an 1500. L'archéologie galloise (*Welsh Archaiology*), recueil publié à Londres, contient un abrégé de l'histoire de Galles composé par lui.

(1) Th. Smith, *Catal. Bib. Coton. Vitellius*, A. IX, N° 9.

(2) La *Biographie cambrienne*, déjà citée, fait mention de quatre poëtes du nom de Mérédyth ou Mérédydd, qui vivaient au milieu du 15e siècle. Celui dont il s'agit est Mérédydd ab Rhys, qui florissait, selon Owen, entre les années 1430 et 1460. Hakluyt l'appelle Méredith, fils de Rhes.

(3) Part. 3, p. 507.

(4) T. II, p. 230-234.

qui fréquentaient les parages des mers de l'Europe septentrionale (1). Ce sont peut-être les connaissances plus ou moins confuses, plus ou moins précises que l'on avait sur ces navigations, qui décidèrent Jean et ensuite ses fils Louis, Sébastien et Sanche Cabot à se diriger de ce côté, en vertu d'un privilége donné par le roi d'Angleterre Henri VII, le 5 mars de l'an 1495, trois ans environ après la première navigation de Christophe Colomb (2). Il est même très-probable que des notions et des considérations de la même nature avaient influé sur les motifs qui portèrent Christophe Colomb à entreprendre son immortelle découverte (3). Il est certain au moins qu'il pouvait connaître ces pays, car ils sont marqués sur les cartes publiées, avant la découverte de l'Amérique, par les cosmographes vénitiens (4). Mais on a sur ce point un témoignage plus concluant, c'est celui de Christophe Colomb lui-même. Il est constant qu'il avait parcouru les mers du Nord; c'est au moins ce qu'assure son fils Ferdinand, dans la vie de ce grand homme qu'il nous a laissée. Il y a inséré un fragment des mémoires de son père, dans lequel celui-ci nous apprend qu'il avait navigué dans les mers du nord-ouest, en l'an

---

(1) Forster, *Hist. des Déc. au nord*, t. 1, p. 282-331, trad. fr.—Zurla, *Di Marco Polo e degli altri viaggiatori veneziani più illustri*, t. II, p. 5-94.—Malte-Brun, *Précis de la Géogr. univ.*, t. 1, p. 395 et suiv.

(2) Hakluyt, part. 3, p. 509.—Zurla, *di Marco Polo*, etc., t. II, p. 82, 83, 84, 274 et suiv.

(3) Zurla, t. II, p. 79 et 80.

(4) *Ibid.* p. 13 et 28.

1477, quinze ans avant son premier voyage de découverte (1).

Je ne m'arrête pas davantage sur tous ces détails, qui m'entraîneraient trop loin de l'objet que je me propose ; je me borne à revenir sur l'assertion émise par Bergeron et par le P. Charlevoix (2), parcequ'elle se rattache plus directement à la relation de notre voyageur arménien. Selon ce que rapportent ces auteurs, les Bretons, les Normands et les Basques, auraient été dans l'usage de fréquenter les parages de Terre-Neuve, dès l'an 1504. On a déjà remarqué que la plupart des noms géographiques de Terre-Neuve, dont on ignore l'origine, semblent attester l'ancien séjour des Portugais, des Français, et particulièrement des Bretons, dans cette île. La population qui s'y trouvait au seizième et au dix-septième siècle, était presque toute composée de Basques mêlés avec quelques Normands (3).

Il ne serait pas difficile de recueillir des autorités qui feraient voir que, long-tems avant cette époque, des marins, partis des côtes de France, s'étaient souvent avancés fort loin dans l'Océan Atlantique, de manière à expliquer comment, dans une de leurs fréquentes

---

(1) L'original espagnol de cet ouvrage n'a jamais été imprimé ; il en existe une traduction italienne, par Alphonse de Ulloa, publiée deux fois à Venise, 1571 et 1614. Il a été traduit en français par Cotolendi, Paris 1681, un vol. in-12. Le passage auquel je fais allusion a été rapporté dans l'ouvrage du cardinal Zurla, déjà cité, t. 1, p. 26.

(2) *Hist. de la nouv. France*, t. 1, p. 3 et 4.

(3) *Hist. des Voyages*, t. XIV, p. 671 et 745, éd. in-4.—Lamare, *Traité de la police*, t. 3, p. 55.

expéditions de pêche, ils auraient pu se porter jusqu'à cette distance.

On connaît les voyages faits autrefois par les marchands de Dieppe jusqu'à la Côte-d'Or (1); la conquête des îles Canaries, entreprise au commencement du quinzième siècle, par Jean de Bethencourt, qui se fit seigneur de ces îles (2), et la découverte de Madère, ainsi que celle des Açores. Ces dernières îles, qui avaient été connues des Arabes (3) et des Génois (4), furent occupées ensuite par les Portugais, et habitées enfin, en 1466, par une colonie flamande, soumise au roi de Portugal (5).

On ne possède pas des détails aussi nombreux et aussi circonstanciés, au sujet des entreprises navales faites autrefois dans l'Océan Atlantique, par les marins de la Biscaye. L'académie d'histoire de Madrid a eu soin, il est vrai, de recueillir une tradition conservée jusqu'à nos jours, dans les provinces basques, et qui attribue

---

(1) La Martinière, *Dict. géogr.*, *Guinée*, et tous les ouvrages qui traitent des découvertes en Afrique.

(2) On en possède l'histoire écrite par deux auteurs contemporains qui avaient pris part eux-mêmes à cette expédition; ils se nommaient Jean Bontier et Jacques Leverrier, tous deux prêtres et attachés à la personne de leur seigneur Jean de Bethencourt. Leur relation qui est fort curieuse a été commencée en 1406 et terminée en l'an 1425. Jean Bergeron en trouva le manuscrit chez le seigneur Galien de Bethencourt qui appartenait à la famille du conquérant des Canaries, et il le fit imprimer à Paris en 1630, en 1 vol. in-12.

(3) Hartmann, *Africa Edrisii*, p. 317 et seq.

(4) Bergeron, *traité de la Navigation*. c. VI.

(5) *Notice sur Martin Behaim, par Muller*, à la suite des *Voyages de Pigafetta*, p. 307, 330, 332 et 370, *trad. fr.*—Malte-Brun, *Précis de Géogr. univ.*, t. 1, p. 424, 428 et 479.

à un certain Juan Delchaide, la découverte des bancs de Terre-Neuve, fort long-tems avant le premier voyage de Christophe Colomb (1). Il est probable qu'il s'agit ici du pilote basque dont j'ai déjà parlé (2), et auquel on attribue la même communication. On sait qu'au quatorzième et au quinzième siècle, les Basques passaient pour les plus intrépides marins de l'Océan. Leurs courses navales, pour la pêche de la morue et de la baleine, s'étendaient jusqu'aux mers d'Écosse et d'Irlande (3).

Il est bien probable que les mêmes motifs durent les conduire de bonne heure, vers le grand banc de Terre-Neuve, et les parages qui avoisinent cette île, les seuls lieux du monde où les morues se trouvent en grande abondance. On sait que la pêche et la vente de ce poisson formaient, à cette époque, la principale occupation de la population basque, soit de la France, soit de l'Espagne (4). J'ai déjà fait voir que le premier nom de *terre des Bacallaos*, imposé à Terre-Neuve, avait une origine basque. Ceci était si bien connu, qu'on trouvait ce nom employé, comme une chose ordinaire, sur une carte faite par Sébastien Cabot, et selon laquelle cette terre aurait été reconnue et visitée par Jean Cabot et ses fils, le 24 Juin 1494 (5). Je saisis cette occasion pour consi-

---

(1) *Dict. géogr. d'Espagne*, t. 1, p. 331, et t. II, p. 313.
(2) *Voyez* ci-devant, p. 12.
(3) Noël de la Morinière, *Hist. des Pêches*, t. 1, p. 254 et 313.
(4) *Ibid.* t. 1, p. 229 et 230.—*Dict. géogr. d'Esp.*, art. *Guipuzcoa* et *Zarauz*, *Bilbao*, etc.
(5) Hakluyt, part. 3, p. 511.—Bergeron, *Traité de la Navigation*, c. XIV.

gner ici une observation, que je n'ai vue nulle part. Je pense que la grande terre de *Labrador*, située au nord de Terre-Neuve, et qui occupe une très-grande étendue de terrain dans l'Amérique septentrionale, doit son nom espagnol aux fréquentes visites des navigateurs de cette nation. C'était là un lieu de *travail*, pour la préparation de la morue; et sa dénomination actuelle dont la véritable origine est inconnue, me paraît n'être que la traduction espagnole d'une expression technique, employée par les navigateurs qui fréquentent ces parages. Ceci me donne lieu de croire que des recherches spéciales sur l'origine des établissemens faits pour la pêche de la morue, donneraient l'explication de tous les faits obscurs, qui se rapportent à l'histoire de la découverte des régions boréales de l'Amérique septentrionale.

Les historiens de l'Espagne s'accordent tous à célébrer l'état florissant de la marine des provinces biscayennes, pendant le moyen âge (1). Leurs armemens formaient alors la partie la plus considérable de la marine militaire de l'Espagne, l'une des plus puissantes de l'Europe, à cette époque. Plus d'une fois les Biscayens luttèrent avec avantage contre les Anglais et les Flamands. Dès le dixième siècle, ils avaient des stations commerciales et militaires sur les côtes de la Galice; les Sables d'Olonne, en Poitou, étaient une de leurs colonies. Sous le règne d'Alphonse XI (1312-1350), ils avaient une compagnie à La Rochelle et une bourse

---

(1. Noël de la Morinière, *Hist. gén. des Pêches*, t. 1, p. 229, 233 et 246.

à Bruges (1). On voit par un traité conclu en l'an 1351, entre Edouard III, roi d'Angleterre, et le roi de Castille, comme comte de Biscaye, que depuis un tems immémorial les Biscayens étaient dans l'usage de faire exclusivement la pêche des baleines, des morues et autres poissons, sur les côtes de l'Angleterre, de l'Écosse, des îles Hébrides et dans les eaux du nord de l'Irlande (2). En 1393, des aventuriers de la Biscaye et du Guipuscoa firent une tentative pour envahir les Canaries (3); il est évident qu'ils parcouraient alors l'Océan, fort loin dans toutes les directions. Mais on ne possède aucune indication chronologique précise sur les tentatives qu'ils purent faire vers l'Amérique. La relation arménienne de l'évêque Martiros donne la date certaine de l'une de leurs entreprises audacieuses, et elle est, comme on le verra bientôt, antérieure de dix années aux indications fournies par Ramusio, par Bergeron et par le P. Charlevoix. Elle acquiert de plus un haut degré d'importance, par le rapport qu'on ne pourra méconnaître, entre cette navigation et l'expédition qui avait été entreprise, peu de tems avant, par Christophe Colomb, et qui avait amené la découverte de l'Amérique.

---

(1) *Dict. Géogr. d'Esp.*, art. *St.-Sébastien.*— Capmany, *Mem. de Barcel. coll. Diplom.*, t. II, n° 64.

(2) Rymer. *fœder.* t. V, p. 719.— Anderson, *hist. and chron. deduction of the origin of commerce*, t. I, p. 46.

(3) *Dict. Géogr. d'Esp.*, art. *Guipuzcoa.*—Mariana, *Hist. Esp.* XVI, c. 14. — Bergeron, *Traité de la Navigation*, c. VI.

Les détails dans lesquels je viens d'entrer paraîtront peut-être un peu longs, surtout si l'on considère la nature et l'importance réelle de la relation, dont je vais donner la traduction. J'ai voulu profiter de cette occasion pour produire quelques opinions et diverses remarques, qui ont peut-être quelqu'importance, et qu'il m'aurait été difficile de publier ailleurs. Mon seul but et mon seul désir est que ces observations puissent ramener l'attention des savans, sur des faits intéressans et trop peu étudiés. Je souhaite qu'elles soient de quelqu'utilité pour les personnes plus versées que moi dans ces matières, et par conséquent plus en état de résoudre les nombreuses difficultés que présente encore cette partie de l'histoire des découvertes géographiques.

§ III. *Époque du voyage fait dans l'Océan Atlantique, par l'évêque d'Arzendjan.*

La relation du voyage entrepris dans l'Océan Atlantique, par l'évêque d'Arzendjan, présente diverses circonstances, qui ont besoin de quelques explications, pour que l'on puisse s'en faire une idée juste. Il faut d'abord déterminer, avec exactitude, la position du point de départ, et ensuite fixer la date de l'embarquement, et par conséquent l'époque précise du voyage, qui n'est indiquée dans le texte que d'une manière assez vague. Je m'attacherai ensuite à faire ressortir les diverses particularités qui pourront nous instruire des motifs qui firent entreprendre l'expédition, dont cet évêque nous a conservé le souvenir, et dont il fit partie par hasard.

Le voyageur arménien donne à la ville où il s'embarqua, le nom de *Gétharia* կիթարիայ. Il n'est pas difficile de reconnaître que l'on doit la chercher sur les côtes de la Biscaye, car il y arriva à son retour de la Galice, et après avoir quitté Bilbao, capitale de la Biscaye, lorsqu'il se dirigeait vers les Pyrénées. *Gétharia* devait donc se trouver entre Bilbao et Bayonne. On voit effectivement dans cet intervalle, sur le bord de la mer, un lieu nommé *Guetaria*, situé dans la province de Guipuscoa, qui fait partie des pays basques. Noel de la Morinière, dans son *Histoire générale des pêches* (1), le désigne comme un des principaux ports fréquentés, aux quinzième et seizième siècles, par les pêcheurs de morue, qui allaient de la Biscaye vers le banc de Terre-Neuve. Ce lieu, maintenant obscur et presque abandonné, était alors florissant, et sa marine était depuis long-tems puissante. Le roi de Castille, Sanche IV (1285-1295), lui avait accordé de grands priviléges (2). Dans un ouvrage de navigation, intitulé *le petit Flambeau de la mer*, et publié à la fin du dix-septième siècle, ce lieu est nommé *Catarie*, et il est indiqué comme un des meilleurs ports de la côte, et comme le plus fréquenté (3).

----

(1) Tome 1, p. 229.

(2) *Dict. géogr. d'Espagne*, au mot *Guetaria*. La ville de Déva, qui est un peu plus à l'ouest, dans la même province, obtint aussi de grands priviléges du même prince.

(3 Cet ouvrage, dont l'auteur se nommait Bougard, a été imprimé

Sa situation est à six lieues à l'ouest de St-Sébastien. Après tous ces détails, il ne peut y avoir le moindre doute que le grand voyage fait dans l'Océan par l'évêque arménien, ne se lie réellement avec les entreprises que les navigateurs basques étaient dans l'usage de faire, à cette époque, dans l'Océan, vers l'Amérique.

Il est plus difficile de déterminer avec exactitude la date du voyage. L'évêque d'Arzendjan se borne à indiquer vaguement le jour de son embarquement, en disant qu'il partit le mardi après le *nouveau dimanche* ᵇᵘᵖ ᵏᵎᵘᵖᵃᵏᵋ. C'est le nom que les Arméniens donnent au premier dimanche après Pâque, que nous appelons *Quasimodo*. Il ne marque pas non plus en quelle année. Comme, après cette époque, il n'indique aucune autre date que celle de son retour à Rome, il n'est pas facile de résoudre cette double difficulté. Il faut, de toute nécessité, scruter les diverses indications

---

au Hâvre, en 1684. Je dois à la complaisance de M. Eugène Coquebert Montbret, la connaissance d'un ouvrage rare et curieux, contenant un traité d'hydrographie (*hydrografia*), à l'usage des marins de Biscaye, composé en espagnol par un certain Andrés de Poça, de la ville d'Orduna. Il a été imprimé à Bilbao, en 1585, en un petit volume in-4°. Il y est question du port de *Guetaria*, l. 2, c. 2, p. 3 *verso*. Le but de l'auteur est principalement de faire connaître les parages des côtes de l'Océan. On voit, par les longs détails qu'il donne sur l'Irlande et l'Écosse, que les marins de la Biscaye visitaient fréquemment ces pays. Il est question de la *terre des Bacallaos* (terre neuve), et de la terre de Labrador, à la fin de son ouvrage, p. 133 *verso*, dans un discours sur les routes à suivre pour aller à la Chine (*Discurso hydrografico sobre la navegacion del Catayo*). Ce discours est la traduction d'un ouvrage anglais, composé par *Guillelmo Bourney* (William Burney), imprimé à Londres en 1580.

qui se trouvent dans le reste de sa relation, et s'échelonner, pour ainsi dire, de proche en proche, pour arriver à la connaissance exacte de cette époque.

Cet évêque rentra dans Rome le 20 février 1496 après avoir parcouru l'Europe et l'Océan, et il était sorti de la même ville le 9 juillet 1491. Il se rendit en quarante-six jours en Allemagne. Cette indication place au 24 août son entrée dans ce pays, où il s'avança jusqu'à Cologne, qu'il quitta le 25 octobre. La seule date qu'il indique ensuite d'une manière positive, sans cependant faire connaître l'année, c'est celle de son arrivée à Paris, le 19 décembre. Ce n[e] fut pas sans doute en 1491, car après son départ d[e] Cologne, il parcourut encore une partie de l'Allemagne, d'où il se rendit en Flandre en passant pa[r] Besançon; il alla ensuite en Angleterre. Comme il fi[t] en divers endroits de longs séjours, il est impossibl[e] de croire qu'il ait pu se rendre à pied de Cologne à Pa[-]ris, et en parcourant tant de pays, dans le court espac[e] de deux mois. Tout oblige à reculer son arrivée dan[s] cette ville jusqu'à l'an 1492. Il n'y resta que treiz[e] jours; ainsi son départ est du 1er janvier 1493. Le voyag[e] à travers la France, et le long des côtes septentrionale[s] de l'Espagne, ne fut ni moins long, ni moins pénible[.] L'évêque fut également retardé par de longs séjour[s] dans plusieurs villes; enfin il parvint à Saint-Jacque[s] de Galice, où il habita pendant quatre-vingt-quatr[e] jours. Qu'on joigne à ce tems, déjà si considérable[,] celui qu'il dut employer pour se rendre ensuite a[u] lieu de son embarquement, et on verra qu'il n'e[st] guère possible de lui accorder moins d'une anné[e] pour toutes ces courses, ce qui porte au printems de l'an 1494, l'époque de son voyage sur l'Océan Atlantique. En cette année, Pâque tombait le 30 mars; le jour de *Quasimodo*, ou le *nouveau dimanche*, selon les Arméniens, se trouvait ainsi le 6 avril, et le mardi suivant, jour de l'embarquement, répondait au 8 avril; c'est donc là la date véritable du voyage de l'évêque arménien. Il resta soixante-huit jours en mer, ce qui place son retour sur les côtes d'Espagne au 14 ou au 15 juin 1494. Il ne reste plus que vingt mois, jusqu'à l'époque de son retour à Rome, le 20 février 1496, pour les voyages qu'il fit encore en Espagne, en France et en Italie, ce qui correspond parfaitement avec les détails qu'il donne dans sa relation.

Lorsque Christophe Colomb entreprit le voyage, dans lequel il fit la découverte de l'Amérique, il partit le 3 août 1492 du port de Palos, en Andalousie. Il quitta la dernière des Canaries, le 7 septembre; ainsi il s'écoula environ dix-neuf mois, entre les deux voyages. Dans cet intervalle de tems, Christophe Colomb revint en Espagne, où il débarqua le 15 mars 1493, après s'être arrêté quelques jours à Lisbonne. Il se rendit ensuite à Barcelone, où se trouvait alors la cour d'Espagne; il y arriva au milieu du mois d'avril, et il y rendit compte au roi et à la reine Isabelle de ses découvertes et des résultats de son expédition. Christophe Colomb ne tarda pas à repartir pour un nouveau voyage; il quitta le port de Cadix le 25 septembre 1493, et il découvrit les Antilles le 3 novembre suivant, après quarante jours de navigation. A la fin de l'année, il renvoya en Espagne la plupart des vaisseaux qui lui avaient été confiés ; ils durent y arriver vers le commencement de 1494. Dans le même tems, le frère de Christophe Colomb, nommé Barthélemy, partit avec trois vaisseaux que la reine Isabelle lui avait donnés pour rejoindre son frère, et il arriva à Saint-Domingue, ou l'Ile Espagnole, au milieu d'avril 1494, à peu près vers le tems où l'expédition sur laquelle se trouvait l'évêque arménien, partait des côtes de Biscaye.

La nouvelle du retour de Christophe Colomb, et le résultat heureux de son entreprise durent être bientôt connus en Espagne, et même dans les pays étrangers, où ils excitèrent le plus grand intérêt et un enthousiasme général. Le frère de Christophe, qui était alors en Angleterre, l'apprit en passant par la France, du roi Charles VIII lui-même. Il n'est pas étonnant qu'une telle découverte ait fixé l'attention des Biscayens, qui passaient en ce tems pour les plus hardis navigateurs de l'Océan ; et que leurs expéditions journalières, pour la pêche de la morue et de la baleine, transportaient à de grandes distances des côtes de l'Europe. C'est là, je n'en doute pas, le motif qui donna lieu à l'expédition dont l'évêque d'Arzendjan nous a conservé le souvenir. On doit remarquer, cependant, parmi les événemens qui se rattachent à la première navigation de Christophe Colomb, une circonstance qui en fut peut-être la cause déterminante. On sait que Christophe Colomb était parti de l'Espagne avec trois vaisseaux, il en perdit un en Amérique ; il reprit la route

de l'Espagne avec les deux autres, pour rendre compte de son voyage. Avant d'arriver à la hauteur des Açores, les deux vaisseaux furent séparés par une furieuse tempête. La violence des vents continuant à se faire sentir, Christophe Colomb fut obligé d'aborder en Portugal, d'où il se rendit ensuite en Andalousie. Il crut que l'autre vaisseau s'était perdu. Ce navire, commandé par Alphonse Pinçon, avait été emporté vers le nord par la force des courans, et il avait été forcé d'attérir dans le port de Bayonne, en Galice, non loin des frontières de la Biscaye. Pinçon s'était rendu aussitôt auprès du roi Ferdinand, à Barcelone, à peu près vers le tems où Christophe Colomb arrivait en Andalousie. La présence seule de cet heureux navigateur dut suffire pour exciter l'émulation des Biscayens et des Basques, et pour produire l'expédition qui partit de leurs côtes, au commencement de l'année suivante. Le récit de l'évêque, et les paroles qu'il attribue au chef du navire, le font clairement voir : « Je vais, dit-il, parcourir la mer universelle ; mon
» vaisseau ne contient aucun marchand ; les hommes
» qui s'y trouvent sont tous employés à son service.
» Pour nous, nous avons fait le sacrifice de notre
» vie ; nous mettons notre seul espoir en Dieu, et
» nous pensons que là où la fortune nous portera,
» Dieu nous sauvera. Nous allons faire le tour du
» monde ; il ne nous est pas possible d'indiquer où
» les vents nous porteront, mais Dieu le sait. » Peut-il y avoir un langage plus clair ? en faut-il davantage pour être convaincu, qu'il ne s'agissait pas d'une entre-

prise ordinaire, pour le commerce ou pour la pêche, car ces motifs sont assez évidemment exclus par ce discours ; mais qu'il s'agissait réellement de la recherche de nouvelles terres, enfin d'un véritable voyage de découvertes ? Je rappellerai encore une circonstance qui doit porter à croire que la cour d'Espagne elle-même n'était pas étrangère à cette expédition. Aussitôt que le navire eut touché, à son retour, au cap Finistère de Galice, on se hâta de le diriger, malgré les avaries qu'il avait éprouvées, vers l'Andalousie, où se trouvait alors la reine Isabelle, et il entra dans un port que l'évêque arménien ne nomme pas, mais qui doit être celui de Cadix.

Je dois remarquer encore que l'évêque partit, aussitôt après son arrivée dans l'Andalousie, pour Sainte-Marie de Guadeloupe, lieu de dévotion très-fréquenté à cette époque, et situé dans la Nouvelle-Castille. Il est probable, quoiqu'il ne le dise pas, qu'il s'y rendit pour s'acquitter d'un vœu fait pendant le voyage, selon l'habitude des personnes échappées à une longue et périlleuse navigation. On apprend de Herrera, l'historien des Indes occidentales, que Christophe Colomb en avait agi de même. Au retour de son premier voyage, assailli au milieu de l'Océan par une furieuse tempête, il avait en son nom, et au nom de ses compagnons, voué une offrande et un pèlerinage à Sainte-Marie de Guadeloupe.

Il est assez évident, ce me semble, que le voyage que les compagnons de l'évêque arménien firent en Andalousie, après leur retour en Espagne, fut causé par la présence de la reine Isabelle, qui était alors à Séville, comme on le voit par la relation arménienne.

Zurita et l'historien des rois catholiques, Hernando de Pulgar, ainsi que Mariana et Ferreras, nous apprennent que le roi Ferdinand et la reine Isabelle, après avoir passé la plus grande partie de l'année 1493 à Barcelone, se rendirent dans la Castille, au commencement de 1494; ils séjournèrent pendant quelque tems à Tordesillas, à Ségovie, à Valladolid, à Medina del Campo, et au milieu de l'été ils se trouvaient à Madrid ; ce n'est qu'à la fin de l'année qu'ils retournèrent en Aragon. Il est probable que c'est pendant son séjour dans cette partie de l'Espagne, que la reine Isabelle aura fait un voyage à Séville, où l'évêque arménien la vit, vers le milieu de l'automne de l'an 1494. Je n'ai trouvé aucune indication sur ce voyage, dans les historiens espagnols que j'ai consultés. Ces auteurs, uniquement occupés des négociations et des démêlés de la France avec l'Espagne, ont négligé de nous instruire des voyages et des actions personnelles de leurs souverains, durant les six derniers mois de l'an 1494.

Le voyageur arménien, dont il est impossible de contester le témoignage, supplée ici au silence des historiens nationaux. Il est probable que le voyage de la reine dans les provinces méridionales de l'Espagne, n'était pas étranger aux opérations navales qui avaient le nouveau monde pour objet. Cette princesse avait seule protégé Christophe Colomb, et fourni aux frais de son armement. Elle prenait un vif intérêt à toutes les entreprises de ce genre, qui se préparaient ordinairement à Séville, et dans les ports voisins des bouches du Guadalquivir. Il n'est donc pas étonnant que les chefs de l'expédition dont l'évêque arménien avait fait partie, se soient empressés de se rendre dans une ville, où se trouvait une princesse zélée pour ces sortes d'entreprises, dans le but de lui faire connaître les résultats de leur voyage. De simples armateurs basques, partis pour l'exercice habituel de la pêche, n'auraient eu aucune raison d'en agir ainsi. Cette circonstance me paraît tout-à-fait décisive ; elle ne doit pas laisser de doute sur la nature de cette expédition.

Il est à regretter que l'extrême concision du narrateur arménien nous ait privé des détails de ce voyage, qui ne seraient guère moins intéressans par leur objet, que par la manière dont ils nous auraient été transmis. Il est bien probable que l'évêque arménien n'y attachait pas, à beaucoup près, autant d'importance : c'est là ce qui explique sa brièveté. Il est heureux cependant qu'il ait jugé à propos d'insérer, dans le récit de son pieux pélerinage, les courts renseignemens qu'il nous a transmis. Sans eux, nous ignorerions la part active que les navigateurs des côtes septentrionales de l'Espagne ont pris aux premières expéditions qui firent connaître l'Amérique ; et le souvenir d'un voyage de découverte fait à la même époque aurait été à jamais perdu, sans le hasard qui nous a conservé la relation de l'évêque arménien d'Arzendjan.

RELATION

D'UN

VOYAGE FAIT EN EUROPE

ET DANS L'OCÉAN ATLANTIQUE,

A LA FIN DU XVe SIÈCLE, SOUS LE RÈGNE DE CHARLES VIII

PAR MARTYR, Évêque d'Arzendjan.

Moi, Martyr, mais seulement de nom, né à Arzendjan, et évêque, résidant dans l'hermitage de Saint-Ghiragos (Saint-Cyriaque), à *Norkiegh* (le nouveau village) (1), je désirais depuis long-tems aller visiter le tombeau du saint prince des apôtres. Quand le tems fut venu, pour moi indigne, de mériter cet honneur, que je ne cessais de désirer, sans avoir pu cependant faire connaître à personne le dessein de mon cœur, je sortis de mon monastère le 29 octobre de l'an 938 de l'ère arménienne (1489 de J.-C.). Voyageant à petites journées, j'arrivai à *Sdambol* ꭳꭳꭳꭳ ꭳꭳ_L (Constantinople). J'y trouvai, par la grâce de Dieu, un vaisseau dans lequel j'entrai avec le diacre Verthanès. Nous partîmes de *Sdambol*, le 11 juillet

---

(1) Voyez ci devant, p. 7.

939 (1490 de J.-C.); nous montâmes ensuite sur un vaisseau franc, et nous arrivâmes dans la ville de *Vénéj Մենէձ* ou *Vénédik Մենէձիկ* (Venise). C'est une grande et superbe ville, construite au milieu de la mer; elle contient soixante-quatorze mille maisons (1); elle est magnifique et très-opulente. Il y a dans cette ville une grande église, où il peut entrer dix mille personnes; elle est tout ornée d'or; c'est l'église de Saint-Marc l'évangéliste. Deux orgues sont dans l'intérieur, ainsi que deux lions ailés en or (2). Il y a beaucoup d'autres églises dans la ville; on trouve aussi, dans son enceinte, beaucoup de monastères, tous bâtis au milieu de la mer. Il y a une grande place, devant l'église de Saint-Marc. Bien haut, au-dessus de la porte, sont quatre (3) chevaux de cuivre jaune, d'une très-grande dimension; ils ont chacun un pied levé (4). C'est du côté du midi, qui est le côté

---

(1) Venise, à cette époque, était sans doute aussi bien peuplée qu'à présent: je ne crois pas cependant qu'elle ait jamais contenu une aussi grande quantité de maisons. On trouvera, dans la suite de cette relation, d'autres indications du même genre. Je remarquerai ici une fois pour toutes, qu'elles paraissent fort exagérées, et qu'elles dépassent toujours les bornes de la vraisemblance.

(2) C'est-à-dire *dorés*.

(3) Le manuscrit porte par erreur *trois* au lieu de *quatre*. Les lettres numérales ի *trois* et ղ *quatre* sont très-faciles à confondre dans l'écriture arménienne.

(4) Il s'agit ici des quatre chevaux de bronze doré, apportés autrefois de Constantinople par les Vénitiens. Ils furent enlevés par les Français le 13 décembre 1797. Ils ont, comme on le sait, décoré pendant plusieurs années la place du Carrousel, d'où ils sont retournés à Venise.

de la mer, que se tiennent les marchands. On a aussi érigé sur cette place deux grandes colonnes (1); sur l'une est un lion ailé (2), et sur l'autre, la statue de St-George (3). La muraille qui environne le palais du roi (du doge), est toute couverte d'or. Il y a encore une si grande quantité d'autres choses, qu'il est impossible de décrire la beauté de cette ville.

Nous y restâmes vingt-neuf jours, puis nous nous embarquâmes, et nous allâmes en treize jours à *Ankonia* անքոնիայ (Ancône). et de là, en trente jours, nous nous rendîmes dans la grande ville de Rome, que Dieu garde. Là, sont les saints et tous glorieux corps des princes des apôtres, saint Pierre et saint Paul. Nous allâmes les adorer et leur demander la rémission de nos péchés, ceux de nos père et mère et de nos bienfaiteurs (4). Nous restâmes à Rome durant cinq mois, et nous visitâmes tous les lieux saints. Les reliques des saints apôtres sont hors de la ville, du côté du nord. A l'occident, est une petite ville, toute

---

(1) Ces deux colonnes sont en porphyre; elles furent apportées d'Orient, et érigées en 1175.

(2) Ce lion ailé, semblable au lion fantastique de St.-Marc, que l'on voyait sur les armoiries des Vénitiens, fut apporté en France en 1797, avec les quatre fameux chevaux de bronze. On l'avait placé à Paris sur la place des Invalides.

(3) Il y a ici une erreur. C'est la statue de St.-Théodore, l'un des patrons de la ville. Le saint est représenté foulant aux pieds un grand serpent.

(4) L'évêque entend sans doute désigner par-là les bienfaiteurs du monastère où il habitait, ou bien les maîtres qui l'avaient instruit.

voisine de la ville; le fleuve passe entre elles deux ; on l'appelle *Santh-angelo,* ԱՍՈՒԹ ԱՆԿԵՂՈՒԼ (St.-Ange) (1). Le portique de l'église des saints apôtres est tourné vers l'Orient; il contient cinq portes, grandes et superbes. Celle du milieu est en métal massif; sur l'un des battans est saint Paul, et sur l'autre saint Pierre. A l'occident de Rome, en face du palais de Néron, est le lieu du crucifiement de saint Pierre. Au milieu de la ville, est la prison des apôtres (2). Bien loin, au dehors de Rome, est le lieu où saint Paul fut décapité. Du côté du midi, tout près de la ville, est l'endroit où J.-C. vint à la rencontre de saint Pierre. Auprès de la ville, on trouve encore l'église de *Sandjouvan* ՍԱՆՋՈՒԱՆ (Saint-Jean), où sont les têtes des deux saints Jean (3) avec leurs corps entiers. Dans la ville, mais du côté du midi, est la prison de Saint-Grégoire d'Agrigente (4), sur l'emplacement de laquelle on a fondé une église. Plus avant, toujours dans le centre de la ville, est l'église de *Santh-Elina*

―――――――――――――――――――――――

(1) Il s'agit ici du quartier ou plutôt du faubourg, appelé *Rione di Borgo,* qui est situé au-delà du Tibre, et qui contient le château Saint-Ange. A l'époque dont il s'agit, ce quartier n'était pas considéré comme faisant partie de la ville.

(2) Le texte dit seulement *d'eux.*

(3) Saint-Jean Baptiste et Saint-Jean l'évangéliste.

(4) Ce saint, peu connu des occidentaux, est au contraire fort révéré des Arméniens, qui lui ont accordé une place distinguée dans leurs martyrologes et célèbrent sa mémoire le 23 novembre. L'évêque arménien ne pouvait se dispenser d'en faire mention.

սանթ էլենայ (Sainte-Hélène), où se trouvent les corps de cent martyrs. Il y a encore dans cette ville beaucoup d'autres choses magnifiques.

Rome contient deux mille sept cent soixante-quatorze églises, et huit mille tombeaux de saints se trouvent dans son enceinte, et quatre cents au dehors. Tous les jours, je visitais dix ou vingt églises, grandes et belles, et tous les jours j'allais prier le prince des apôtres de m'accorder la rémission de mes péchés. Qui pourrait décrire la magnificence de ces saintes églises? On m'introduisit trois fois auprès du pape փափային (1) qui me reçut avec bonté et avec une grâce toute particulière; il me donna une lettre de recommandation, et tout le monde fut étonné de la faveur singulière qu'il me témoignait.

Nous quittâmes Rome le 9 juillet 940 (1491), et long-tems après, c'est-à-dire en quarante-six jours, nous arrivâmes au pays de la nation *Touteschk* (*Tedeschi*) (2), qui est celle des *Alaman* ալամնաց, et nous vînmes dans la grande ville de *Gasdendsia* կաստընձիայ (Constance), et dans beaucoup d'autres

---

(1) Le pape qui vivait à cette époque était Innocent VIII, élu le 29 août 1484. Il mourut le 25 juillet 1492, un an environ après que l'évêque d'Arzendjan, eût quitté Rome.

(2) Le nom que l'évêque arménien donne à la nation des Allemands et celui qu'il assigne un peu après à la ville de Constance, et quelques autres circonstances du même genre, qu'on ne manquera pas de remarquer dans la suite de sa relation, font voir qu'il se servait habituellement de la langue italienne.

villes en suivant les bords du fleuve (le Rhin). Nous parvînmes enfin dans la grande ville de *Bazl* պազլ (Bâle), où on nous arrêta comme des espions.

Nous traversâmes beaucoup d'autres villes et nous arrivâmes à *Frangforth* փռանկփառթ (Francfort-sur-le-Mein), où nous vîmes beaucoup de choses admirables. De là, en beaucoup de jours, nous allâmes à *Friboulkh* փրպուլխ (Fribourg en Brisgaw) (1). On dit que cette ville possède trois cent mille pieds de vignes. On nous y reçut avec de grands honneurs. Nous allâmes de là à *Sdrazboukh* սդրազբուխ (Strasbourg), puis dans plusieurs autres villes, et, en beaucoup de jours, nous parvînmes à *Gabel* կապլ (Capel) (2), où nous fûmes très-bien reçus. De là, en suivant le fleuve *Erhin* ըռհին (le Rhin), pendant longtems, nous arrivâmes dans la très-célèbre ville de *Golonia* կալընիայ (Cologne) qui contient, dit-on, deux

---

(1) Si notre voyageur n'a pas été trompé par sa mémoire, ce que je suis fort disposé à croire, il paraîtrait qu'après avoir été jusqu'à Francfort sur le Mein, il serait revenu du côté du midi, car la ville de *Friboulkh* dont il parle, ne peut être que Fribourg dans le Brisgaw. Cette ville située à quelques lieues du Rhin, est comprise à présent dans les états du grand-duc de Bade. Le Brisgaw est célèbre encore par la grande quantité de vignes, que l'on y trouve. C'est de ce pays que viennent une partie des vins connus sous le nom de vins du Rhin.

(2) Capel est une petite ville au-dessus de Coblentz, sur le Rhin, dépendante de l'ancien électorat de Trèves, et qui fit ensuite partie du département de Rhin et Moselle. Elle est actuellement comprise dans le grand-duché du Rhin, soumis au roi de Prusse.

cent vingt-quatre mille maisons (1); elle est très-grande et admirable. On y trouve le tombeau des rois Mages (2). Leurs trois têtes sont placées sur le tombeau. Là aussi sont les reliques de douze mille saints; ces reliques sont disposées dans la grande église, de telle sorte que tout le monde peut voir les corps dans le tombeau (3). Il y a encore dans cette ville une très-belle église, où l'on voit les corps de vingt-quatre vierges saintes, réunis dans une châsse. L'église où se trouve le tombeau des rois Mages est couverte de peintures, les portes sont également peintes. Tout auprès, sur le mur extérieur de la nef est l'image de la sainte mère de Dieu, avec les ornemens convenables. Le Christ, notre Seigneur, est entre ses bras, et elle a sur la tête une couronne formée de perles et de pierres précieuses d'une grande valeur. Nous demandâmes aux prêtres de l'église quel en était le prix : ils répondirent qu'elles coûtaient deux cent quinze mille *flori* ֆլորի (florins). Sur la poitrine de la sainte Vierge est une pomme faite de perles, chacune de la grosseur d'une noix; tout autour sont douze per-

---

(1) Quoique ce nombre soit évidemment exagéré, il n'en est pas moins certain qu'à cette époque, Cologne était une grande et belle ville, visitée par un nombreux concours de pèlerins. Elle était réellement alors une des cités les plus considérables et les plus peuplées de l'Allemagne. Quoique fort déchue maintenant, son enceinte est encore très-grande.

(2) On montrait effectivement à Cologne, un tombeau des rois Mages, très-révéré à cette époque, et visité par une foule de pèlerins.

(3) Il s'agit du tombeau des onze mille vierges. On voit que l'évêque arménien s'est trompé sur le nombre.

les, grosses chacune comme une petite noix de galle, et toutes séparées par quatre pierres précieuses, deux rubis et deux améthystes (1), de la grandeur chacune d'une grosse noix de galle. Autour du maître autel sont cinquante-six tombeaux de cuivre jaune avec des ornemens en relief, six autres tombeaux simplement en cuivre jaune, et, enfin, un autre tombeau aussi avec des ornemens en relief. L'église, qui est soutenue par cinq cents arceaux, est haute et superbe. Tout ce qui se trouve dans le monde est représenté sur la muraille de la nef, à l'extérieur. Elle a trois cent soixante-cinq fenêtres, et chaque fenêtre a trois brasses de hauteur; elles sont toutes ornées de verres de diverses couleurs. Le clocher est semblable à une grande et formidable tour, et il faut vingt-huit personnes pour remuer la cloche qui y est suspendue. Il y a encore beaucoup d'autres églises et des monastères dans cette ville; mais il me serait impossible de mettre par écrit tout ce qui concerne la description de cette ville et de ses églises.

Nous restâmes vingt-deux jours dans cette ville; on nous y rendit de grands honneurs, et nous y demandâmes la rémission de nos péchés. Nous sortîmes enfin de la grande *Golonia* (Cologne) le 25 octobre.

―――――――――――――

(1) J'ignore quelles sont précisément les pierres précieuses que l'auteur désigne par les mots ԻԱԿՈՒԹ *iakouth*, (en arabe et en persan ياقوت) et ԼԱԼ en persan لال *lal*. *Iakout* est le nom ordinaire du rubis.

(39)

Après avoir parcouru beaucoup de villes, nous arrivâmes dans celle où se trouve la sépulture des rois de la nation des *Alaman* ւդելծեէ (1). Nous mîmes de là beaucoup de tems pour aller jusqu'à la ville de *Santa-Maria-daks* ուսիոյա ժամիայ մայր (2), où est la glorieuse et toute bénie chemise de la sainte Vierge : elle est dans un magnifique bâtiment tout orné d'or. Quatre colonnes de cuivre jaune sont élevées au milieu de l'église, ainsi que beaucoup d'autres grandes colonnes jaunes avec des chapiteaux dorés, et, enfin, une grande châsse, toute d'or et de perles, dans laquelle était enfermée la glorieuse chemise de la sainte mère de Dieu. Nous restâmes dans cette ville pendant dix-huit jours, jusqu'à l'époque de l'ouverture (de cette châsse), pour notre édification, et pour celle de nos père et mère, et de nos bienfaiteurs (3). Les chanoines (4) de cette ville nous comblèrent d'honneurs et de bons traitemens.

---

(1) Littéralement, *à la ville sépulture des rois, qui est de la nation Alaman*. L'auteur s'exprime, comme on voit, d'une manière un peu obscure. Il est probable que la ville qu'il désigne, est celle de Spire, sur la rive gauche du Rhin, et dans laquelle on voyait effectivement à cette époque, les tombes d'un grand nombre d'empereurs d'Allemagne.

(2) Je crois qu'il s'agit ici d'Aix-la-Chapelle, dont la principale église porte le nom de Sainte Marie, et où il se trouvait effectivement autrefois une relique *in lusum* de la Vierge ոո․․ ծո․․․․, les langes du Christ, etc.

(3) Le copiste paraît avoir oublié ici quelques mots, ce qui jette une grande obscurité dans son texte.

(4) Քանոնայք ժողովրդքան․ Il y avait effectivement un chapitre et des chanoines à Aix-la-Chapelle.

(40)

Après notre départ de ce lieu, nous fûmes longtems en route ; nous visitâmes beaucoup de villes, et nous arrivâmes à *Ounves* ուսնվիսու (1), où est la résidence du roi des Allemands ալամանուց. Nous y restâmes onze jours ; on y voit le Saint-Suaire (2), avec lequel on enveloppa (3) le roi tout-puissant, notre Seigneur J.-C., au moment de la passion ; il est teint de son sang divin. Nous fûmes édifiés par sa sainte vue, et nous demandâmes la rémission de nos péchés, et de ceux de nos père et mère, et de nos bienfaiteurs.

Après avoir quitté cette ville, nous fûmes longtems en route. (Nous visitâmes) avec beaucoup de peine un grand nombre de villes, et nous arrivâmes au pays de *Flandiou* ֆլանտիու (Flandres). Comme nous ne connaissions pas la langue, nous éprouvions

---

(1) Je crois que ce nom est altéré par une transposition du copiste, ունվիսու *ounves* pour վեսոուն *vesoun*, et que c'est celui de la ville de Besançon, qui faisait alors partie des domaines dont la maison d'Autriche avait hérité de la maison de Bourgogne, et où résidait à cette époque l'empereur Maximilien Ier, encore roi des Romains. Il succéda le 19 août 1493 à Frédéric III, son père.

(2) Le mot ֆուխան *fouthan*, qu'on trouve dans l'original, est arabe, فوطة ; il signifie *linge*, *serviette*, et il désigne plus particulièrement une sorte de toile faite aux Indes. Ceci confirme ce que j'ai dit dans la note précédente, et fait bien voir qu'il s'agit ici réellement de la ville de Besançon. Personne n'ignore que le saint-suaire de Besançon était une des plus célèbres, parmi les reliques, que l'on vénérait autrefois

(3) Littéralement, *on lia.*

beaucoup de peine pour nous faire entendre (1). Il nous fallut long-tems pour aller de là au pays des *Englez* ԷնկլզյԱց (l'Angleterre), dont nous ne comprenions pas non plus la langue (2). Ils sont aussi (3) mangeurs de poisson. C'est dans cette mer, qui est la mer universelle (l'Océan), et qui est à l'extrémité occidentale du monde, que l'on trouve les plus grands et les plus redoutables poissons (4).

Après un long voyage, nous arrivâmes au pays des Français ՑՆ Ֆրանգաց քաց, dans la ville de *San-donij* սան տոնիժ (Saint-Denis). C'est le lieu où se trouve la sépulture des évêques, des rois et des reines. C'est une belle et illustre ville, où il y a beaucoup d'églises (5). Dans la grande église où sont

---

(1) Il semblerait par ces mots, que l'auteur comprenait la langue des autres pays qu'il avait parcourus ; mais peut-être, ce qui est plus vraisemblable, se servait-il partout de la langue italienne, et ne trouva-t-il personne en Flandre qui la connût.

(2) On doit faire ici la même observation.

(3) Comme le voyageur n'avait encore fait aucune remarque de ce genre, il faut croire, si ce n'est pas une négligence de style, qu'il y a une lacune dans son texte, ou bien il a voulu dire que les Anglais sont des mangeurs de poisson, comme les habitans de la Flandres. Ceci me paraît plus vraisemblable.

(4) Il est assez extraordinaire, que le voyageur ne parle point de son embarquement pour passer en Angleterre. Peut-être n'alla-t-il que dans le territoire de Calais et dans les autres lieux de la côte de Picardie, qui appartenaient à cette époque à l'Angleterre.

(5) Avant la révolution, la ville de Saint-Denis contenait effectivement un grand nombre d'églises. Il y en avait quatorze plus ou moins grandes, sans compter l'église abbatiale et un hôtel-dieu. Elles sont indiquées sur le plan que savant bénédictin D. Michel Félibien

(42)

les tombeaux des rois, on a placé à gauche quatre côtes de poisson, et chaque côte a cinq brasses et trois palmes de longueur (1). On dit que c'est dans la mer que l'on trouve ce poisson énorme.

Nous restâmes un jour dans cette ville, et de là nous nous rendîmes à la très-célèbre ville de *Parez փարիզ* (Paris), où nous arrivâmes le 19 décembre. Nous y entrâmes à midi, et le soir nous allâmes nous reposer dans une auberge. Le lendemain, assez tard, nous visitâmes la grande église. Elle est spacieuse, belle, et si admirable qu'il est impossible à la langue d'un homme de la décrire. Elle a trois grandes portes tournées du côté du couchant. Les deux battans de la porte du milieu représentent le Christ debout. Au-dessus de cette porte est le Christ présidant le jugement dernier (2). Il est placé sur un trône d'or et tout garni d'ornemens en or plaqué Deux anges sont debout, à droite et à gauche. L'ange à droite est chargé de la colonne

―――――――――――――――

a placé à la tête de son *Histoire de l'abbaye de Saint-Denis*, Paris, 1706, in-folio. Il y avait sept paroisses et deux monastères, indépendamment de l'abbaye.

(1) Il était d'usage autrefois de placer dans les trésors des églises, ou de suspendre à leurs murs, les objets précieux ou les curiosités naturelles que l'on voulait conserver. Ces lieux révérés servaient alors de musées. La tradition relative aux objets dont parle notre voyageur, s'est conservée jusqu'à présent à Saint-Denis. Il paraît que ces ossemens furent mis dans les caves de l'église, où ils se sont détruits, peu de tems avant la révolution.

(2) Dans le texte, *le jugement*.

à laquelle on attacha le Christ, et de la lance avec laquelle on lui perça le côté. L'ange qui est debout, à gauche porte la sainte croix. Du côté droit est la sainte mère de Dieu agenouillée, et du côté gauche saint Jean et saint Etienne (1). Sur la façade sont les anges, les archanges et tous les saints. Un ange tient une balance, avec laquelle il pèse les péchés et les bonnes actions des hommes. A la gauche, mais un peu plus bas, sont Satan et tous les démons qui le suivent; ils conduisent les hommes pécheurs enchaînés, et les entraînent dans l'enfer. Leurs visages sont si horribles, qu'ils font trembler et frémir les spectateurs. Devant le Christ, sont les saints apôtres, les prophètes, les saints patriarches et tous les saints, peints de diverses couleurs et ornés d'or (2). Cette composition représente le Paradis, dont la vue enchante les hommes. Au-dessus sont les images de vingt-huit rois (3), représentés la cou-

───────────

(1) Il s'agit ici des deux portes latérales de l'église Notre-Dame.
(2) Quelques-unes des sculptures qui décorent la façade de Notre-Dame de Paris, et particulièrement celles qui se voient au-dessus de la porte principale, présentent encore des restes de dorure.
(3) Ces statues, qui avaient quatorze pieds de haut, ont été détruites pendant la révolution. Il est à remarquer que toutes les nouvelles descriptions de Paris en portent le nombre à vingt-sept seulement, mais il est évident que c'est une erreur qui a été successivement copiée, car les gravures qui accompagnent ces descriptions indiquent toutes vingt-huit statues conformément à ce que dit notre voyageur. Il est remarquable qu'une relation arménienne serve à rectifier en ce point les récits des historiens de Paris.

ronne en tête; ils sont debout sur toute la longueur (de la façade). Plus haut encore est la sainte Vierge, mère du Seigneur, ornée d'or et peinte de diverses couleurs. A droite et à gauche sont des archanges qui la servent (1). Toutes les fenêtres de l'église sont de la forme d'une aire à battre le grain (2).

Quand on entre dans l'église, on trouve à gauche (3) une grande et vilaine pierre, qui représente saint Christophe et le Christ sur ses épaules. Au-dessous est le martyre de saint Christophe. La circonférence du maître-autel représente toutes les saintes actions du Christ : il y a encore beaucoup d'autres ornemens, mais quel homme pourrait décrire la beauté de cette ville! C'est une ville très-grande et superbe. Deux rivières y entrent, mais il n'en sort pas la moitié (4). Mais du reste qui pourrait décrire la

---

(1) Ces sculptures se voyaient effectivement autrefois, au-dessus des vingt-huit statues de rois. Elles ont été détruites.

(2) Il est évident que le voyageur veut faire allusion à la forme des croisées de l'église : mais je ne suis pas sûr d'avoir bien saisi le sens, car ce passage me paraît corrompu.

(3) La mémoire du voyageur est ici en défaut, ou il s'est trompé en s'orientant : la statue colossale de St.-Christophe de Notre-Dame, fort connue des Parisiens, n'était point à gauche, mais à droite en entrant dans l'église. Elle fut abattue en 1784.

(4) Il est difficile ici de bien comprendre la pensée de l'auteur ; on ne sait s'il veut parler des deux bras de la Seine, qui, réunis, à leur sortie de la ville, qui ne s'étendait pas alors plus loin que l'endroit où le Pont-Neuf fut depuis placé, ne formait plus qu'une seule rivière, ou s'il croyait réellement que la moitié des eaux apportées par les deux bras de la Seine, se perdait ou était consommée dans la ville.

grandeur de la ville? Je restai treize jours à Paris (1).

De là, avec un autre compagnon de voyage (2), j'allai jusqu'à la ville de *Sdembol* սդբմպոլ (Etampes) (3). Je restai seul ensuite pendant seize jours, et avec beaucoup de peine je parvins à la ville de *Douthnouran* սււթ_ նսււբսււն (4); j'y trouvai un diacre franc qui fut mon compagnon jusqu'à la ville de *Gasdilar* կսսսսոիլսււբ (Châtelleraut) (5), et de là jusqu'à la grande ville de *P'hothier* վսււթիր (Poitiers), où sont les linceuls du Christ (6). Nous eûmes l'honneur de les voir. Je ne trouvai pas un autre compagnon, et je restai seul. Me confiant alors aux prières de saint Jacques et à Dieu Tout-Puissant, je continuai mon voyage avec beaucoup de peine, à pied : parcourant ainsi un grand

---

Je crois que le premier sens est plus conforme à sa pensée; son texte cependant ne peut se traduire autrement que je l'ai fait.

(1) Le nom de cette ville est écrit ici վսսււիկ *Pharez.*

(2) Ceci semblerait indiquer que le diacre Verthanès, qui avait entrepris le voyage d'Europe, dans la compagnie de l'évêque d'Arzendjan, ne le quitta qu'à Paris.

(3) Le voyageur arménien ou son copiste a été trompé, d'une manière assez étrange, par la ressemblance que le nom de la ville d'Etampes, tel qu'on l'écrivait autrefois, *Estampes,* présentait avec celui qu'on donne à Constantinople. On disait encore souvent *Estamples,* ce qui rend la ressemblance plus frappante.

(4) Je crois que ce nom altéré est celui de la ville de Tours ou plutôt de la Touraine, qui se trouve sur la route de Paris à Poitiers, où l'on verra bientôt l'arrivée du voyageur arménien.

(5) Cette ville, appelée alors Chastelleraud (*Castrum-Heraldi*) était, comme on sait, en Poitou, sur la route de Tours à Poitiers.

(6) Ces reliques se conservaient effectivement à Poitiers.

nombre de villes, j'arrivai enfin en *Gasgonia* (1) (Gascogne); de là en *Gasdélia* կայատելիայ (2); de là à *Abzonia* ապզոնիայ (3). Enfin avec beaucoup de fatigue, et sans autre secours que celui de Dieu, j'arrivai au pays de *Baïouna* պայունայ (Bayonne). Les chrétiens m'y reçurent avec une grande charité, et m'y honorèrent bien plus que je ne le méritais. J'y restai pendant six jours.

Ne trouvant point de compagnon, et m'abandonnant encore à Dieu et à saint Jacques, je marchai pendant beaucoup de jours, et je parvins, après bien des peines, au pays de *Bisgaï* պիսկայ (Biscaye), qui est un pays où on mange du poisson (4). La ville de *Bisgaï* պիսկայ (5) est au bord de la mer. J'allai de là à *San-Sepasdian* սան սեբաստիան (Saint-Sébastien), où le maître de l'auberge et sa femme me traitèrent avec une charité sans bornes. Ils me gardèrent cinq jours dans cette ville. On fit deux ou trois fois la quête pour moi. Je n'ai pas vu une belle figure dans cette ville.

---

(1) Dans le texte կասնկոնիայ *Gasengonia* pour կասկոնիայ *Gasgonia*. On disait autrefois *Gascongne*.

(2) Ce pays ou cette ville me sont inconnus.

(3) Cette ville m'est également inconnue. C'est peut-être *Aubusson* en Auvergne, mais cette ville n'est ni en Gascogne, ni sur la route de Poitiers à Baïonne.

(4) Le poisson fait effectivement la principale partie de la nourriture des habitans de la Biscaye.

(5) Cette ville est sans doute Fontarabie, port entre Saint-Sébastien et Baïonne.

Je partis ensuite du bord de la mer, et je m'avançai pendant long-tems dans l'intérieur du pays ; je marchai, et je parcourus cinq ou six villes, dans lesquelles je fus traité avec beaucoup d'honneur ; enfin, après avoir encore marché pendant beaucoup de jours, je parvins à la grande ville de *Porthengaleth* փորթ էնկալէթ (1), où je séjournai quatre jours. J'en sortis seul, et j'allai à *Santh ander* սանթ անտէր (2) (Santander), puis à *Santhelana* սանթելանայ (Santillane), et ensuite à *San misan* սան միսան (3), au bord de la mer, où je fus traité avec beaucoup de bienveillance. Je partis de là, pour aller à *San salvathour* (4), puis à la ville de *Bedants* պետանց (5). De là, avec beaucoup de peines, mais

---

(1) Cet endroit, nommé maintenant *Portugalete*, est un petit port sur la côte de Biscaye, dans la partie orientale de cette province. La mention de ce lieu fait voir que l'évêque s'était rapproché des côtes, après avoir parcouru l'intérieur du pays.

(2) Le manuscrit porte par erreur խանթ-անտէր *Khanth-ander*, au lieu de սանթ անտէր *Santh-Ander*.

(3) Je crois qu'il y a ici une faute, et au lieu de *San Misan* սան միսան, je lis *San Visan* սան վիսան, et je pense qu'il s'agit de *san Vicente de Barquera*, endroit de la côte de Biscaye, voisin des Asturies. On ne trouve sur le rivage au-delà de ce point, aucun autre lieu un peu remarquable, qui porte le nom d'un saint.

(4) Dans le texte սանտալվաթուր *San-Dalvathour*, pour սան սալվաթուր *San-Salvathour*. Il s'agit ici d'Oviedo, capitale des Asturies, dont la principale église porte le nom de Saint-Sauveur, *San-Salvador*, qu'elle communiquait autrefois à la ville elle-même.

(5) Cette ville est *Betanzos*, en Galice, située dans l'enfoncement

soutenu par le secours de Dieu, très fatigué et affaibli, je parvins enfin jusqu'au temple et au tombeau de saint Jacques, tout saint, glorieux, et la lumière du monde. Le corps de ce saint est dans la ville de *Galitsa* կալիցայ (Galice) (1). Je m'approchai de ce tombeau : je l'adorai la face contre terre, et j'implorai la rémission de mes péchés, de ceux de mes père et mère, et de mes bienfaiteurs; enfin j'accomplis, avec une grande effusion de larmes, ce qui était le désir de mon cœur.

Le corps du saint se trouve au milieu du saint autel, dans un coffre de cuivre jaune fermé de trois serrures. Sa statue est placée sur le saint autel; il est assis sur un trône avec une couronne sur la tête; il est recouvert par un dôme en bois. L'église est en forme de croix, et elle a une grande et magnifique coupole, flanquée de deux clochers. Elle est divisée en trois parties, soutenues sur une seule voûte (2). Elle a quatre portes. En sortant de l'église par celle du midi, on trouve un grand bassin auprès duquel sont des tentes blanches où on vend tout ce qu'on peut

---

de la grande baie qui sépare la Corogne du Ferrol, à peu près à égale distance des deux villes.

(1) Saint-Jacques de Compostelle, appelé ordinairement Saint-Jacques en Galice.

(2) L'église de Saint-Jacques contient une partie souterraine, qui supporte tout le poids du reste de l'édifice. C'est sans doute de cette circonstance que veut parler l'auteur arménien.

désirer (1), des médailles (2) et des chapelets (3). Au-devant de la porte occidentale, on trouve une fontaine qui s'épanche au bas; au-dessus de la porte orientale, on voit le Christ assis sur un trône, avec la représentation de tout ce qui est arrivé depuis Adam, et de tout ce qui arrivera jusqu'à la fin du monde, le tout d'une beauté si exquise, qu'il est impossible de le décrire. Je séjournai en ce lieu pendant quatre-vingt-quatre jours, mais je ne pus y rester plus long-tems à cause de la cherté des vivres. J'y demandai l'absolution de mes péchés, aussi bien que de ceux de mes père et mère et de mes bienfaiteurs. L'endroit où est le saint corps est environné d'une forte grille de fer. Il y a encore à Saint-Jacques d'autres magnificences, que je ne puis retracer dans cet écrit.

Je pris la bénédiction de saint Jacques, je partis et je parvins à l'extrémité du monde, à l'extrémité (ou au rivage) de la Ste.-Vierge. (dans un édifice) qui a été construit de la propre main de l'apôtre saint Paul (4), et que les Francs appellent սանթիա դըրիայ

―――――――――――――

(1) Le texte me paraît corrompu dans cet endroit : je ne me flatte pas d'en avoir saisi exactement le sens : et je n'ai aucun moyen de le rétablir dans son état primitif.

(2) Նշաններ. Il s'agit ici de ces plaques ou médailles, que l'on vend et que l'on distribue ordinairement, dans les lieux de dévotion.

(3) Հլուն Illoun, mot vulgaire qui pourrait être mis ici pour ուլունք oulounk (perles fausses, bijoux). Il paraît désigner des chapelets et d'autres objets pieux du même genre.

(4) Quelques mots oubliés dans le manuscrit, par le copiste, ou

փինիսդիռնայ, *Santha Maria Fenesdirna*, (Sainte Marie de Finistère) (1). J'éprouvai beaucoup de peines et de fatigues dans ce voyage ; j'y rencontrai un grand nombre de bêtes sauvages très-dangereuses. Nous rencontrâmes le *vakner* (2), bête sauvage grande et très-dangereuse : « Comment, me dit-on, avez-vous » pu vous sauver, quand des compagnies de vingt » personnes même ne peuvent passer ? » J'allai ensuite

---

l'incorrection et la négligence du style de l'auteur, rendent cette phrase fort obscure. Quoiqu'il en soit, il est évident qu'il est question ici d'un endroit ou d'un édifice religieux situé à l'extrémité de la Galice, et consacré à la Vierge.

(1) Il existe effectivement, auprès du cap Finistère de Galice, un petit bourg de Sainte-Marie, mais je n'ai trouvé nulle part des indications sur la miraculeuse fondation, dont il est question ici. Le P. Henri Scherer, jésuite, a publié en 1730, et dans les années suivantes, à Augsbourg, une géographie universelle, intitulée : *Atlas novus*, en quatre volumes, in-4°. La troisième partie appelée : *Geographia Mariana*, ce qu'on pourrait traduire par *géographie de la Vierge Marie*, contient une indication de tous les lieux du monde, où il se trouvait des images et des statues miraculeuses de la Vierge. Cet ouvrage nous apprend qu'on révérait au cap Finistère de Galice une merveilleuse statue de la Vierge, qu'on nommait *de la Barque*, parcequ'elle était arrivée en Galice sur une barque, qui n'avait personne pour la diriger

(2) J'ignore de quel animal on veut parler. վաքներ n'est point un mot arménien. Le voyageur veut peut-être indiquer les ours ou les taureaux sauvages que l'on trouve effectivement en assez grand nombre, dans les montagnes de la Galice et des Asturies. Je pense qu'il s'agit en effet de ces derniers animaux. Il existe peut-être dans le dialecte particulier de la Galice, une expression propre à désigner, ces animaux sauvages, telle que *Vaco* ou *Baquer*, ou d'autres à peu près semblables, dérivées du nom de la vache, *Vaca*.

au pays de *Holani* ՀոլանԻ (1), dont les habitans se nourrissent aussi de poissons (2), et dont je n'entendais pas la langue (3). Ils me traitèrent avec la plus grande distinction, me conduisant de maison en maison, et s'émerveillant de ce que j'étais échappé au *vakner*.

Je parcourus ensuite beaucoup de villes situées sur le rivage de la mer universelle (l'Océan); je ne pouvais entendre la langue du pays (4), mais avec la lettre du pape (5), j'obtenais de la bienveillance. Enfin je parvins dans une ville auprès de laquelle, mais un peu au dessous, coule un grand fleuve, avec un pont de soixante-huit arches (6). Je poursuivis mon chemin et j'arrivai

---

(1) J'ignore quel est ce pays. Je crois cependant qu'il doit se trouver dans la Galice, ou dans la province des Asturies. Peut-être le voyageur arménien a-t-il voulu parler de la ville de *Llanes*, située sur le bord de la mer à l'extrémité occidentale des Asturies, auprès du district de Montana, dépendant de la vieille Castille et qui sépare la Biscaye des Asturies.

(2) Les habitans de la Galice mangent effectivement beaucoup de poissons.

(3) Il est fort difficile de rendre raison de cette circonstance, à moins qu'on ne suppose que l'évêque se trouvait déjà dans les provinces basques, et qu'il veuille parler de la langue basque : cette remarque donnerait lieu de croire qu'il comprenait l'espagnol : mais s'il en est ainsi, comment n'a-t-il pas fait mention de ceci lors de son premier passage chez les Basques?

(4) Cette nouvelle indication vient confirmer ce que j'ai dit dans la note précédente, et elle fait voir que le voyageur veut parler effectivement de la langue basque.

(5) Il a déjà été question de cette lettre ci-dev. p. 35.

(6) Je n'ai pu reconnaître cet endroit sur les côtes de la Biscaye.

dans la grande *Vilvav* կիլվավ (1), où je séjournai trois jours ; j'en partis ensuite, et je marchai durant vingt-sept jours, et j'arrivai dans la ville bénie de *Gétharia* կեթարիայ (2), où je fus fort bien traité : j'y restai durant sept jours.

Je trouvai en ce lieu un grand vaisseau, qu'on me dit être du port de 80,000 *ghantar* (charges) (3). Je m'adressai aux prêtres (de cet endroit), pour dire de me recevoir dans ce vaisseau ; « Je ne puis plus » aller à pied (disais-je), les forces me manquent » tout-à-fait. » Ceux-ci s'étonnaient de ce que j'avais pu venir à pied d'un pays si reculé. Ils allèrent trouver le chef du vaisseau : « Ce religieux arménien nous » prie, lui dirent-ils, pour que vous le preniez sur votre » bâtiment : il est venu d'un pays éloigné, et il ne » peut s'en retourner par terre. » On lui lut la lettre du pape ; il l'écouta et dit : « Je le recevrai dans » mon vaisseau ; mais dites-lui que je vais parcourir » la mer universelle (4), que mon vaisseau ne con- » tient aucun marchand, et que les hommes qui s'y » trouvent sont tous employés à son service. Pour » nous, nous avons fait le sacrifice de notre vie ; » nous mettons notre seul espoir en Dieu, et nous » pensons que là où la fortune nous portera, Dieu

---

(1) Cette ville est **Bilbao**, capitale de la Biscaye.
(2) Voyez ce que j'ai dit au sujet de ce lieu, ci-dev. p. 22.
(3) C'est le mot arabe قنطار un quintal.
(4) L'Océan.

» nous sauvera. Nous allons faire le tour du monde (1);
» il ne nous est pas possible d'indiquer où les vents
» nous porteront, mais Dieu le sait. Au reste, si
» vous avez aussi le désir (de venir avec nous), c'est fort
» bien; venez dans mon vaisseau, et ne vous inquié-
» tez pas du pain, ni du boire et du manger; pour
» vos autres dépenses, elles vous regardent, ces reli-
» gieux (y pourvoiront) (2); comme nous avons une
» ame, nous vous fournirons du biscuit et tout ce que
» Dieu nous a accordé. » Lorsque je revins à la ville,
on répandit parmi le peuple, pendant la célébration
du service divin, la nouvelle que le religieux arménien allait monter sur le vaisseau : « Rassemblez,
» (disait-on), des vivres pour le salut de vos enfans,
» et pour votre propre avantage. » On apporta tant
de bonnes choses surtout en provisions, qu'il était
impossible d'en manquer. Nous entrâmes dans le
vaisseau le mardi de la *Quasimodo* (3), et nous par-
courûmes le monde pendant soixante-huit jours,
puis nous vîmes dans la ville de l'extrémité du
monde (4); nous allâmes ensuite en *Antalousia*, ան
դալուզիայ, dans la ville qui est au milieu de la

---

(1) Ou plutôt *parcourir le monde*. (*Girare il mondo.*)

(2) Il paraît qu'il manque ici quelques mots dans l'original.

(3) Ou plutôt *du nouveau dimanche*. C'est ainsi que les Arméniens nomment le dimanche de la *Quasimodo*. Voyez ci-devant page 23.

(4) Sans doute à Sainte-Marie de Finistère, dont il a déjà été question ci-devant, pag. 49 et même page note 2.

(54)

mer; nous restâmes dans cette ville pendant dix-neuf jours, parce que nous avions essuyé de grandes tempêtes et que notre navire avait éprouvé des avaries que l'on s'occupa à réparer en ce lieu. Cette ville est très-jolie, petite, mais pleine de magnificence (1).

Nous nous séparâmes en ce lieu, et j'allai à *Santha-Maria-Gadaloup*, սանթա մարիա կատալուբ (2). Je me rendis de là à *Sébilia*, սեպիլիայ (Séville), où je vis la reine խաթուն, (Isabelle) (3). Je repartis ensuite, et je m'embarquai; il nous fallut dix-huit jours pour aller au pays de *Maghrib* (4), à cause de la violence du vent, qui était contraire, et de la tem-

___

(1) Cette ville, que l'évêque arménien néglige de nommer, ne peut être que celle de Cadix; située à l'extrémité d'une langue de terre fort étroite, elle est réellement environnée presque partout de la mer. Elle est fort petite et d'ailleurs fort belle.

(2) Sainte-Marie de Guadeloupe était un lieu de dévotion trèscélèbre à cette époque, situé dans la Nouvelle-Castille, au milieu des montagnes qui s'élèvent entre le Tage et la Guadiana, sur les frontières de l'Estramadure. On y révérait une statue de la Vierge, donnée dit-on par le Pape Saint-Grégoire le Grand à Saint Léandre évêque de Séville. Elle était noire, mais cependant fort belle. On lui attribuait beaucoup de miracles contre les Maures.

(3) L'auteur se sert du mot turk *khatoun*, pour désigner la reine Isabelle. Voyez ce que j'ai dit dans l'Avant-propos, § 3, ci-devant pag. 28 et 29, au sujet du voyage que cette princesse doit avoir fait à cette époque dans l'Andalousie.

(4) On verra bientôt que le nom de *Magrib* ou *Maghrib*, qui est arabe et désigne l'*Occident*, s'applique ici au royaume de Grenade, ou plutôt à toute la partie de l'Espagne, qui avait continué à être occupée par des Musulmans, jusqu'au tems du voyage de l'évêque arménien.

pête ; enfin, nous arrivâmes à *Salobrouna*, սալաւ֊
պրանշա, (Salobrena) (1). Je ne voulus plus rester
sur le vaisseau ; après m'être reposé trois jours, je
me mis en marche tout seul, pour pénétrer dans l'intérieur du pays des Magrébins (2), et je passai une
grande montagne (3), qu'il me fallut deux jours et demi
pour traverser, et j'arrivai à *Gridan*, կրիտան (4),
(Grenade) capitale (5) des Magrebins մաղրիպացոց
թախտ, qui a été prise par la reine (6). C'est une
grande et riche ville ; j'y restai onze jours. Après cinq
jours de marche, j'atteignis la grande *Adjaïen*, ա֊
Հայէն, (*Jaen*) qui possède un suaire (7) du Christ.

---

(1) *Salobrena* est un petit port sur la côte du royaume de Grenade,
situé directement au midi de la capitale, entre Almuneçar et Motril.

(2) Il est évident par ce passage que la dénomination arabe de *Magrébins* ou *Mogrebins*, qui signifie *les occidentaux*, et que l'on donne
actuellement aux habitans du royaume de Maroc, s'appliquait également, à cette époque, aux Maures qui étaient restés en Espagne. Les
auteurs arabes donnent de même le nom d'*Algharb* ou de *Mogreb*
à l'Espagne et à la partie occidentale de l'Afrique.

(3) Il s'agit ici de la partie des Alpuxares connue sous le nom de
Sierra Nevada, à cause des neiges qui la couvrent.

(4) Il y a sans doute ici une faute de copiste, produite par une
simple transposition de lettre ; *Gridan* կրիտան, pour *Grinad*
կրինատ.

(5) Dans le texte est le mot arménien et persan թախտ *Thakhd*
ou تخت *takht*, qui signifie *trône*.

(6) C'est ainsi qu'à cette époque on appelait la reine Isabelle, que
l'évêque arménien désigne encore ici par le mot *khatoun*.

(7) L'auteur n'emploie pas ici l'expression dont il s'est servi pour désigner le Saint Suaire de Besançon. Voyez ci-dev., p. 40, note 2. Il

J'allai de là à *Baïsa*, պայիսայ (Baeza); de là à *Oulvitha*, ուլվիթայ, puis à *San-esdéfan*, սան բս֊ տէֆան, (San Estevan), et à *Bourghous* պուրղուս, (Burgos?) (1). J'allai ensuite à *Tchentchila*, չնչիլայ, (Chinchila), où j'éprouvai des maux d'entrailles. J'y restai cinq jours, pendant lesquels le médecin (2) me fit une ordonnance qui me soulagea un peu. J'allai de là à *Amants*, ամանց, (Almanza) (3); puis à *Faladez*, ֆա֊

se sert du mot զաստառուկ qui est arménien, et désigne plutôt un mouchoir, ou *un linge quelconque*.

(1) Il me paraît impossible qu'il soit ici question de Burgos, capitale de la Vieille-Castille, ville si éloignée du point où se trouve l'auteur, et qui n'est pas sur la route de Chincilla, dans le royaume de Murcie, où nous allons le voir arriver dans l'instant. L'auteur ne dit rien de particulier sur cet endroit; il n'aurait pu garder le même silence, s'il était venu réellement à Burgos. Je crois que tous les endroits qu'il relate dans son voyage depuis son départ de Baéza, qui est effectivement sur la route de Jaen à Chincilla, sont des lieux obscurs des provinces de Jaen et de Murcie. Je n'ai point retrouvé *Oulvitha* et *Bourghous* sur les cartes que j'ai consultées; mais ce sont peut-être des endroits habités alors et abandonnés maintenant. *San-Estevan*, qui est entre deux, se trouve à l'extrémité nord-est de la province de Jaen, dans la direction de Chincilla.

(2) On peut encore traduire ainsi le *seigneur Hohménaro, médecin, me soulagea un peu*. Ce qui semblerait faire croire qu'il faudrait réunir les deux mots հոքմն արաւ, qui ne présentent aucun sens et embarrassent la phrase, c'est qu'ils sont précédés du mot պարոն, *baron*, qui est chez les Arméniens l'équivalent de *monsieur* chez nous, sans quoi il faudrait le rapporter au mot հաքիմ, *médecin*, qui se trouve plus loin. Le diacre Verthanès, venu d'Arménie avec l'évêque, est le seul individu nommé dans toute cette relation.

(3) Cette ville comprise dans la province de Murcie, est située sur l'extrême frontière du royaume de Valence.

Լատեղ , puis à *Mouthen*, մուխէն (1), puis à la grande *Sadiva*, սադիւայ, (Xativa) (2), qui contient vingt-cinq mille maisons. Je tombai une seconde fois malade en ce lieu ; j'y éprouvai de grandes douleurs d'entrailles. Les religieux de cette ville me témoignèrent beaucoup d'amitié, et me rendirent toutes sortes de services jusqu'à ce que je fusse guéri. Je partis ensuite, et j'allai à *Zirar*, զիրար (3); de là je mis quinze jours (4) pour me rendre à la grande *Vaïentsia*, վայէնցիայ, (Valence), qui contient soixante-dix mille maisons ; j'y restai quatre jours. J'allai de là en vingt-un jours jusqu'à la grande ville de *Barsalon* պարսալըն (Barcelone), qui contient quatre-vingt-dix mille maisons (5); j'y séjournai six jours. Je me

---

(1) Ces deux endroits, dont les noms sont peut-être altérés, me sont inconnus. *Mouthen* peut être une corruption du nom de *Mogente* ou *Moxente*, petite ville entre Almanza et Xativa.

(2) La ville de Xativa, dans le royaume de Valence, fut, jusqu'à l'établissement de la dynastie française en Espagne, une grande et belle ville; elle tenait le second rang dans la province. Elle embrassa avec ardeur le parti de la maison d'Autriche, et elle soutint un siége opiniâtre, à la suite duquel elle fut rasée de fond en comble par les ordres de Philippe V, qui permit cependant qu'elle fût relevée plus tard, sous le nom de *San-Felipe*, qu'elle porte actuellement.

(3) Il s'agit sans doute ici d'*Alzira* ou *Alcira*, très-jolie ville de 10,000 habitans, entre *San-Felipe* et Valence.

(4) Il faut croire que l'évêque arménien employa ce tems à parcourir le pays environnant, car il est impossible qu'il ait mis autant de jours pour se rendre directement de l'endroit désigné à Valence. La distance est à peine de deux très-petites journées.

(5) La grandeur de Valence et celle de Barcelone sont très-exagérées.

rendis de là à *Perpenian*, բբէնիայն, (Perpignan) (1);
puis, traversant le pays de *Gatalin*, կադալին, (Catalogne), j'allai pendant trente-trois jours, et je parvins au pays de *Tsitsila*, ցիցիլայ, (Sicile) (2).

Je parcourus ensuite beaucoup de villes du pays des *Frantsouz*, ֆռանցուզաց, et, après un tems con-

---

(1) Cette ville appartenait depuis peu de tems à l'Espagne; elle faisait partie du royaume d'Aragon. Charles VIII l'avait cédée, en 1493, au roi Ferdinand d'Aragon.

(2) Il y a ou de la confusion, ou de l'obscurité dans cette partie de la relation. Il est difficile de comprendre comment, après avoir quitté Perpignan, en se dirigeant vers la France, l'auteur a pu mettre trente-trois jours à parcourir la Catalogne, qu'il avait traversée dans toute sa longueur; il faut qu'il ait appliqué le nom de ce pays, au Languedoc, qu'il doit avoir visité après son départ de Perpignan. Mais après cette difficulté, levée tant bien que mal, comment expliquer son passage en Sicile; l'évêque ne parle point de son embarquement, et il n'est pas permis de croire qu'il eût passé sous silence cette circonstance, après l'aversion qu'il a témoignée pour la mer lors de son arrivée dans le pays de Grenade; il préféra alors entreprendre de traverser l'Espagne, dans toute sa longueur, plutôt que de remonter sur le vaisseau qui l'avait amené. Il faut, pour rendre raison de cette difficulté très-réelle, supposer que l'évêque arménien a entendu, par le nom de Sicile (*Tsitsila*), désigner la Provence. Il n'y avait pas encore quinze ans que cette province était réunie à la couronne de France, et comme elle avait été possédée, pendant plus de deux siècles, par des princes, dont le premier et le principal titre était celui de *Roi de Sicile*, il serait possible que l'usage se fût établi dans les provinces environnantes, de donner à la Provence le nom de *Sicile* ou de *pays du Roi de Sicile*. Peut-être serait-il possible d'en trouver des exemples dans les auteurs contemporains. J'ajouterai, en faveur de cette explication, une autre preuve tirée de la relation elle-même dont l'auteur dit qu'après son arrivée en Sicile, il parcourut beaucoup de villes du pays des Français, d'où il se rendit ensuite dans le duché de Milan. Pourrait-il s'exprimer ainsi s'il s'était embarqué pour la Sicile ?

sidérable, je parvins au pays *Douket-Milani*, աուքէդ մէլանի, (duché de Milan)(1); j'arrivai ensuite dans *Fergalol* (2), Ֆրկալօլ, (Verceil), ville gardée de Dieu; on m'y traita avec les plus grands égards, et, pendant quinze jours, on me fêta de maison en maison. Que Dieu les en récompense! J'allai ensuite dans la grande *Aliksantria*, ալիքսանդրիայ (Alexandrie); puis, après beaucoup de jours, j'arrivai dans la ville de *Djinivez*, Չինիվէզ (Gênes), où je vins pour m'embarquer et retourner dans mon pays, mais la mer était si orageuse et si agitée, que je ne pus me mettre sur le vaisseau, et que je fus obligé de revenir sur mes pas; enfin, après de grandes fatigues et beaucoup de tems, j'arrivai à *Oulvitha*, ուլվիթայ, (Orviette), qui a été bâtie avec de grandes dépenses.

Je parcourus ensuite beaucoup de villes, telles que *Monthi* et *Fiasco*, Մօնթի և Ֆիասկաւ (3), (Monte Fiascone), et *Fetherbo*, Ֆեթէրպաւ (Viterbe); je vis encore plusieurs autres villes, et enfin, j'arrivai pour la seconde fois à Rome, aux pieds du prince des apôtres, le 20 février 945 (1496 de J.-C.), pendant le grand carême. J'allai ensuite à *Santha-Maria*,

---

(1) C'est sans doute des Français que l'auteur avait emprunté la manière dont il écrit le nom du duché de Milan.

(2) Pour *Vercello*.

(3) Je crois qu'il faut rejeter sur l'ignorance du copiste, la division en deux parties du nom de la ville de *Montefiascone*.

սանթա մարեայ (1), où je m'embarquai, et j'éprouvai encore des infortunes telles, que j'aurais préféré la mort plutôt que de souffrir tant de dangers.

---

(1) Je pense que par ce nom, l'évêque arménien entend désigner la ville d'Ostie, située à l'embouchure du Tibre, dont la principale église est sous l'invocation de Sainte-Marie. C'était assez l'usage, il y a quelques siècles, de désigner la plupart des villes plutôt par le nom d'une église révérée, que par leur véritable dénomination. Le voyageur arménien s'y est plusieurs fois conformé.

ՃԱՆԱՊԱՐՀՈՐԴՈՒԹԻՒՆ

ՏԵՍՈՒՆ ՄԱՐՏԻՐՈՍԻ
ԵՊԻՍԿՈՊՈՍԻ ԵՕՆԿԱՑԻՈՑ.

Ես մարտիրոս մքայն անուամբ եպիսկոպոս եզնկացի, ՚ի ՞թ կերակուու յաննապատէն ՚ի նորզելալ գեղէն. ՚ի վաղուց հետէ փափաքէի ՚ի ՞ր գլսաւոր սուրբելոցն գերեզմաննին տեսանելոյ։ Եւ յորժամ հասեալ ընձ անարժանս արժանաւորել տեսլեան նոցա, և հանապազ սիրտա փափաքէր. բայց ու֊ մէք ոչ կարէի յայտնել գխորհուրդ սրտի իմում։ Թվին ՌՃԼԷ. հոկտեմբերի ԵԹ. ելայ ես ՚ի յեմ վանացն, և եկայ մեդմաքաը (1) հասայ (2) ՚ի ստամ֊ պօլ. և այ յաջողութեամբը՚ գտեալ նաւ մի, և մտի անդ՚ վըթանես սարկաւադուվը (3)։ Թվին ՉԼԸ. յուլիսի ԺԱ. ՚ի ստամպօլու ելաք և մտաք ՚ի նաւ մի ֆրանգի. և հոկտեմբերի (4) Ա. ելաք ՚ի վենետ

---

(1) Dans le manuscrit *մեղաբար*, semblable à un pêcheur. On doit lire *մեղմաբար* pedetentim (pedestrement et sans bruit).

(2) Manuscrit: *հասնի*.

(3) Manuscrit: *սարգաւարդովն*.

(4) Manuscrit: *հոգտեմբերի*.

քաղաքն, որ է վենէտիք, մեծ և փառաւոր քա֊
ղաք. և ինքն է 'ի մէջ ծովու շինած. Հզղ տուն
է, խիստ փառաւոր և Հարուստ քաղաք է: Եւ
մեծ եկեղեցի կայ 'ի մէջ քաղաքին. որ ժՌ մարդ
կու մտնէ 'ի մէջն, և խիստ զարդարած է ոսկով,
սբ. մարկոս առէտարանչէն եկեղեցին է, և ē եր֊
գեչօն կայ 'ի մէջն, և երկու թևաւոր ոսկէն ա֊
ւիծ է շինած 'ի մէջն: Եւ այլ շատ եկեղեցիք
կայ 'ի քաղաքն, և շատ վանորայք կայ 'ի բոլորն
քաղաքին, ամենէն մեծ ծովու է շինած: Եւ մեծ
մաիտան (1) մի կայ առաջև եկեղեցուն սբ. մարկո֊
սի.'ի դրանն շատ 'ի վեր ḡ (2) դեղին պղնձէ ձիեր (3)
շինած և կանգնեցուցած մեծ մեծ. և զմէկ մէկն ուտ֊
վին 'ի վեր են կալեալ: Եւ 'ի Հարաւային կողմն
ծովու դեցն Հանց ժախողեպէն է. և ē մեծ սին
է կանգնեցուցած, մէկէն վրա թևաւոր առիծ
մի, և մէկալէն սբ. գէորգէ՝ կանգնել է: Եւ թա֊
գաւորին դարպասին պաքիսան ամէնէն ոսկով
զարդարած: Եւ այլ ազգի ազգի շատ բաներ՝ ով
կարէ պատմել զքաղաքին դաղեկութիւնն:

Եւ կեցաք իԲ օր, և մտաք 'ի նաւն և գնացաք.
'ի ժḠ օրն յանքընիայ, և անտից Հասաք 'ի Ī օր
աձապաչ մեծն 'ի Հռում. ուբ սբ. և փառաւորեալ

───────────

(1) **Մաիտան** *mauïdan* est le mot arabe ميدان *meïdan* (une place publique).

(2) Manuscrit : ḡ.

(3) Manuscrit : ձի մի.

ամենագովելի ՛ւբ մարմինքն են ՛ւբ գլխաւոր աւա֊
քելոցն պետրոսի և պօղոսի, և գնացաք երկեր֊
պագեցաք, և մեղաց թողութիւն խնդրեցաք մեկ
և մեր ծնողացն և մեր երախտաւորացն ․ և կեցաք
անդ է ամիս, և գամենայն տնօրինական տեղին
տեսաք, դե է ՛ւբ առաքելոց նշխարքն ՛ի Հռոմ
քաղաքէն՛ի դուրսն, ՛ի Տիւսպային կողմն։ Յարև֊
մտի դեսն փոքրիկ քաղաք մի Հետ Հրով քաղա֊
քին գետն լ՛ միջնովդ կանցնէ, որ կուչէ սանթ
անկելաւ։ Սէ առաքելոց եկեղեցւոյն դաւն յարկ֊
ելք է․ է բարձր և աչեղ դուռն ունի, և միջի
դուռն թափցուէ մուֆրախ(1), և մէկ փեղկն(2) ՛ւբ
պօղոս է, և միւսն ՛ւբ պետրոս։ Եւ ՛ի Հռոմայ
յարևմտից դեսն ՛ի ներսն թապաւորին դարպասն
դիմացն պետրոսին խաչելութէ տեղն է․ և ՛ի միջ
քաղաքին՛ ևբրեանց գնտանին(3) տեղն է։ Եւ ՛ի
Հռոմայ ՛ի դուրս շատ մի հեռու սըյն պօղոսի
գլխատման տեղն է։ Եւ ՛ի Տարալոյ դեսն որ գայ
՛ի մօտ քաղաքին՛ այն տեղն է ուբ քն Հանդիպե֊
ցաւ ՛ւբ պետրոսի։ Եւ քաղաքէն եզըն սան ճուվան
եկեղեցին է, որ երկուսին գլուխն ՛ի Հանէ ամ
բողջ մարմնով։ Եւ ՛ի քաղաքին մէջն ՛ի Տարալոյ
դեսն զբեղը ակառականդացոյն գնտանն է, եկե֊
ղեցի է Հիմա։ Եւ այլ առաջ՛ մէջ քաղաքին

---

(1) Մուֆրախ est le mot arabe مفرغ

(2) Փեղկ, signifie *le battant d'une porte*.

(3) Օւընտան, en persan زندان *zendan* (prison).

սանթ եղինային եկեղեցին ŽԺ սրբց նշխարք կայ , և այլ շատ բազում փառաւորութև կայ ՝ի մէջ քա֊
դաքին ։

Երկու հագարք և յեօթն հարիւր (1) և հյ եկե֊
ղեցի կայ ՝ի Հռոմ․ և ըն սրբց վերևման կայ ՝ի
քաղքն և ՝ի դրույն են․ և ամեն օր Ժ․ և․ եկե֊
ղեցի ՝ի շուրջ կու գայի՝ մեծ և փառաւոր եկե֊
ղեցիք։ Եւ ամեն օր ՝ի գլխաւոր սբ աւետըրյն
կերթայի և մեղաց թողութի խնդրեի։ Ո՛վ կարէ
պատմել զփառաւորութե սբ եկեղեցեացն։ Եւ ḡ
անգամ ՝ի փափան ՝ի մօտ տարան գլա , և խստ
սեր և շաղաւաթ արաւ ինձ․ և թուղթ երետ։
Ամմեն կու գարմանային, որ կալ տանէր և ՝ի
Հետս կու գրուցէր։

՝Ի թվին ՋԼն․ յունիսի Թ․ ելաք ՝ի Հռոմայ․
և բազում աւուրբք խդ օրն հասաք յաշխարհն
դուդիշք (2) ադդին՝ որ են ալաման․ և գնացաք ՝ի
մեծն կաստենձեայ , և այլ բազում քաղաքաւ
յեզըրն գետոյն, գնացաք ՝ի մեծ քաղաքն պավլ․
որ և բունեցին գմեկ թէ դալք հաշուտեք (3) ։

Եւ այլ բազում քաղաքաւ գնացաք՝ի փռան֊
կփալութ, որ շատ Հեանալէ բան տեսաք։ Եւ ան֊
տից բազում աւուրբք գնացաք (4) ՝ի փռիբուլս,

---

(1) Le manuscrit exprime ces mots en lettres numérales : ՌՒ . Է .

(2) Manuscrit : դունդիշք ․

(3) جاسوس ou چاشد en turk vulgaire *un espion*.

(4) Manuscrit : գնաք ․

(65)

որ ասացին թէ այս քաղաքիս յր այզի կայ, և մեծ
հարկեցին (1) զմեզ։ Եւ անտից ՚ի ստրագղուխս. և
անտից բազում քաղաքաւ բազում աււբբք հասաք ՚ի կապլ, որ խիստ հարկեցին զմեզ։ Եւ
անտից բազում յալուլս բռեն դետումն վնացաք
հասաք ՚ի մեծահամբաւ քաղաքն ՚ի կալլնիյա,
որ և ասացին թէ մռ և իռլ, տուն է․ և խիստ
մեծ և զարմանալի քաղաք էր․ և անդ էր մոդոց
թաղաւորաց դերեզմանն, և երեքին գլուխն ՚ի
վերայ դերեզմանացն դրած էր․ և անդ էր ժեռ
սրբոց նշխարքն, ամմէնն ան (2) մեծ եկեղեցուն
մէջն է շարած, որ ամմէն մարդ կալ տեսնու, և
մարմինքն դերեզմանած։ Եւ եկեղեցի մի այլ կայ
խիստ դեղեցիկ, ի՞ր որ կուսանաց մարմինքն մնդր-
կոյլ դրած էր։ Եւ այն եկեղեցին ուր մոդոց թաղաւորաց դերեզմանն է ՚ի վեր քաշած է և դուսա
է քաշածն․ և բատ իւր և դէմ երեւին ընբ ածածինն նաւ պատի (3) դուրս է քաշած․ և բատ իւր
արժանեացն դարդարած, և տռեն մեք քա՞ ՚ի դիրքն,
և ձկ թաշ մի դրած ՚ի դլուխն անդին դոյար
անկերուին և մարդարտով զալդած էր որ դնի՞
կայ։ Հարցաք եկեղեցյն երեցներուն թէ վնի՞չ
կատռին (4) որ լնէ այս․ նոքա ասացին թէ մռ և

---

(1) Manuscrit : մեծ հարկեց․
(2) Manuscrit : ամմնուն․
(3) Պատ, mot arménien vulgaire qui signifie une muraille.
(4) Կատար, est le mot arabe قدر valeur, prix.

մեռ փլորէ է խաբշէլ։ Եւ 'ի սիրան ūր ածածին մարգարիտ խնծոր մի կապած քանի փրով փրով (1) ընկուլի մի է. և 'ի բոլորն մէ̄ Հատ մարգարիտ ամեն Հատն քանի փոքր գլխոր (2) մի է, և մէչ ընդ մէչ դ̄ ական. ē լալ. ē եաքուտ. ամեն մէկ քանի մեծ գլխոր մի է։ Եւ յապպ խորանին բոլորն ծդ̄ դեղին պղինձէ 'դերեգման 'ի վեր քաշած. և դ̄ դերեգման դեղին պղինձէ, (և մի) դերեգման 'ի վեր քաշած։ Եկեղեցին ēʿն կամարի վրա էր բարձր և աճեղ. և զինչ որ յաշխարՀս քան կայ գամենն 'ի դրուցէ դեսն նաւ պալ̄ էր եկարած. մէ լոււ նամուտ ունէք. և ամեն լուսամուտի երկանք (3) դ̄ դլիի. և եկեղեցոււն լուսամուտներն ամեն գուսն 'ի գուսնոց Համով (4) զարդարած։ Եւ ւան կակպուրձ̆ն քանի բերդ մի մեծ է և աճեղ, ւանկակ մի 'ի կախ որ ēʿ Հոպէ կուլ քաշէ։ Եւ այլ բազում (5) եկեղեցիք և վանորայք շատ կայ, որ չէ կարացէ՝ կամ՛ զքաղաքին և զեկեղեցուն պատմութիւն 'ի դեր դնել (6)։

---

(1) Ce mot répété, m'est inconnu et me laisse quelque incertitude sur le sens que j'ai adopté dans ma traduction.

(2) Գ̄ դլ̄որ, *Keghthor* ou Գ̄ խտոր, *Kekhdor*, signifie une noix de galle.

(3) Manuscrit : երկանկ.

(4) Ճամ, qui est le mot persan جام, qui signifie *une coupe de verre*, *un verre*, est pris ici pour *le verre* en général.

(5) Manuscrit : բազում՛ք եկեղեցեկ.

(6) Manuscrit : դայն ել.

(67)

Եւ կեցաք յայն (1) քաղաքն իբր օր. և խիստ
Հարկեցին վնեգ. մեղաց Թողութիւն խնդրեցաք.
և ապա ելաք 'ի մեծէն կալլանիու հակտեմբր
ըէ՛ իէ :

Եւ բազում քաղաքաւ հասաք 'ի Թագաւո_
րաց գերեզմանատունն քաղաքն, որ է ալսման
ազգին: Եւ ստտից բազում յալուրս հասաք 'ի
քաղաքն սանդա մարիայ տաքա, ուր ամենօր_
Հնեալ և փառաւորեալ շապիքն է ծբ ամած_
ևին. խիստ (2) դարմանալի շնք է, ամենն ոսկով
գուղած, և ոյ դեղին պղնձէ սիւն է կանկնեցու_
ցած եկեղեցին մեչ տեղն, է և մեծ մեծ դեղին
սիւն գլուխներն ոսկով գուղած, և մեծ ոսկե_
գաւծ (3) սնտուկ մի մարգարտաշէն, և ոբ ամամօրն
ամենօրհնեալ սուրբ շապիքն է 'ի ներքս: Եւ
կեցաք անդ ժբ օր. մինչ բացին, որ արժանի
եղաք (օրհնութեան) մեգ և ձեր ծնողացն և մեր
եբ ախաւուրացն: Եւ դասատց վարդապետք (4)
կայեն՛ խիստ մեծ հարիօք պատուեցին գմեգ և
մեծարեցին :

Եւ ստտից եկեալ գնացաք բազում սուլբք՛
բազում քաղաքաւ հասաք 'ի մեծն յունվես, ուր
Թագաւորանիստ է ալամանաց, և կեցաք անդ ժա

---

(1) Manuscrit : *յայնմն* .
(2) Manuscrit : *խիստք* .
(3) Manuscrit : *յոսկէ գաւծն* .
(4) Manuscrit : *վարդապետ* .

(68)

որ : և անդ է ամենագոլը սբ Թագաւորին ոսկի մերոյ
ոքի քսի սբ փութան (1), որ ՝ի ժամ խաչելու
թեանն կապեցին, քսի ամբնկալ (2) արեամբն ներ֊
կեալ էր. և արժանացաք սբ տեսոյ նորա, և
մեղաց թողութի խնդրեցաք մեզ ; և մեր ծնողացն
և մեր երախտաւորացն :

Եւ անտի ելաք բազում աւուրք աշխատութէ
բազում քաղաքաւ հասաք յաշխարհն Ֆլան֊
տրիու, և լեզու չ՚ի գիտեաք զցուցելոյ խիստ դժ֊
ւարութէ (3) : Ելաք անտից, և բազում աւ֊
ուրք հասաք յաշխարհն Ընկլշաց, և դեցա
լեզուն այլ չի գիտեաք: Նոքա այլ ձևակերպք են :
Ո՛չ ինչ մեծ և աւելի ձուկն կայ յայն ճոխա է, որ է
համատարած ձովուն յեզն յաբեմուտս կոյս :

Եւ եկեալ հասաք բազում աւուրք յաշ֊
խարհն Ֆրանցուզաց, ՚ի քաղաքն սան տոմիք.
և յայն քաղաքն հեպիսկոպոսաց և Թագաւորաց
և Թագուհւոյ գերեզմանատուն է. խիստ գեղեցիկ
և փառաւորեալ քաղաք է, և շատ եկեղեցիք
կայ. և յաւադ եկեղեցին՝ ուր Թագաւորաց դե֊
րեզմանն է յեկեղեցուն ձախ դեսն՝ շարս կողք
դրած ճկան, ամմէն կող է դերի և դ Թեդ հա֊
փեցին, և ասադեն թէ այս ձօնա կայ վիթխարի (4)
ձուկն :

---

(1) Voyez ci-dev. p. 40, note 2.
(2) Manuscrit : ամձբնկակ.
(3) Manuscrit : դժւարութէ.
(4) Manuscrit : ֆիթխարի.

(69)

Եւ կեցաք օր մի․ եւ ելեալ յանտի հասաք ՚ի մեծահամբաւ քաղաքն ՚ի բարեգ․ դեկտեմբերի ժթ․ եւ մտեալ ՚ի քաղաքն կեա յաւուրն․ եւ երի֊
կունն (1) գնացաք ՚ի սպիտալ (2) մի հանգաք (3)․
եւ մեկայլ օրն յետի ժամուն հասաք յաւագ եկե֊
ղեցին (4), մեծ եւ գեղեցիկ եւ գարմանալի, որ
մարդ լեզով չի կարեր պատմել։ Եւ աւագ եկե֊
ղեցին ունի երեք մեծ դուռն յարեւմտից դեհն,
եւ ՚ի միջի դրանն երկու փեղկին մէջն քս է կան֊
գնել (5)․ եւ ՚ի վերեւ դրանն քս դատաստանն է,
նստել ոսկի աթոռով․ եւ ամէնէն ոսկի վարագով
զարդարած է, եւ երկու հրեշտակ յաջ եւ ՚ի ձախ
կանգնել են․ եւ յաջ դենի հրեշտակն բռնել է
զայն սիւնն որ քս կապեցին․ եւ զգեղարդն որ զՔսի
կողն խոցեցին․ եւ ՚ի ձախ դեհն հրեշտակն կանգ֊
նել է եւ զըզ խաչն է բռնել․ եւ ՚ի յաջ դեհն սբ
աստածին է հոքել ՚ի վերայ ծնկանցն (6), եւ ՚ի
ձախն սբ յովհաննէս եւ սբ ստեփանոս, եւ աւ֊
ջեն հրեշտակք եւ հրեշտակապետք, եւ ամենայն
սբք։ Եւ մեկ հրեշտակին ձեռքն կշիռք, որ զմե֊
ղքն եւ զվարձքն կու կշռեն գմարդուն․ եւ ՚ի ձախ

(1) Իրիկուն expression vulgaire synonyme de երեկոյ, le soir.

(2) Սպիտալ sbidal, c'est le mot italien ospitale.

(3) Manuscrit : հանաք.

(4) Manuscrit : յաւգ եկեցին.

(5) Manuscrit : կանկնել.

(6) Ծունր հոքել, expression vulgaire, se mettre à genoux.

5

(70)

դեհն քեշմէ (1) վայր սատանայ, և դէքն ամե֊
նայն հետ իւր. և զմեզաւոր մարդիքն զնճր֊
լէն (2), և ՚ի զժոխը հանած (3), պաշտուբելէ
դէմօք որ մարդ ՚ի աչուէն կու սատանի և կու սու֊
կայ: Եւ դեհմէ քըի՛ ըբ առաքեալքն և մարգա֊
բէքն (4) և ըբ Հայրապետք և ամենայն (5) ըբք ազգի
ազգի գունով զարդարած, և ոսկով: Եւ շնած է
զարքայութիւնն, որ մարդ ՚ի տեսնուն կու փա֊
ռաւորի: Եւ այլ ՚ի վեր հանած է ևր. Թազա֊
լուբք (6) թաճն ՚ի գլուխներն, և կանգնել են
մարդուպես ՚ի բոլորին. և այլ ՚ի վեր գոբեամայր
ըբ ածածինն ոսկով զարդարած գունս ՚ի գունոց,
որ կանգնել են յաջ և ՚ի ճախ ըբք հրեշտակա֊
պետք ՚ի սպասաւորութիւն: Եւ եկեղեցուն լու֊
սամտերն բոլոր ամեն մէկ քանի կալ մի (7):

Եւ եկեղեցին որ կու մտեն ՚ի ճախ դեհն հա֊
նած է անտաշ վէմ մի մեծ զըբ քրիստափորն և

---

(1) ՔԷՇ ՄԻ, signifie en arménien *un peu*, il se compose de ՔԷՇ, qui est l'abrégé turk et persan کج pour کجوک *petit*, en persan کوچک et ՄԻ, qui signifie *un* en arménien.

(2) ԶԻՆՃԻԼ *Zindjil*, signifie en arménien vulgaire, *une chaine*, c'est le mot persan زنجیر *zendjir*, un peu altéré.

(3) Manuscrit : ՚ի զժոխդ հանած է.
(4) Manuscrit : մարգաբէգն.
(5) Manuscrit : գամենայն ըբ.
(6) Manuscrit : թազալուբն.
(7) Voyez ci-devant p. 44, note 2.

դքօ՛ ՚ի յուսն . և ՚ի վայր գնահատակութէ ՞ն ՞ը քրիստափորին : Եւ որչափ խօրանին բօլօրն՝ դբօլօր քօի ՞ը տնօրինականքն : Եւ բազում (այլ) պարդարանք կ՞այ որ մարդ եըք կարէ լեզուով պատմել քաղքին աղէկութիւնն : Եւ քաղաքն խիստ մեծ և գարմանալէ քաղաք է . և երկու դէտ կու մտանէ ՚ի մէջն , և կէսն ՚ի դուրս չէ եընել (1) . և զքաղաքին մէծութիւնն օվ կարէ պատմել :
Եւ կեցայ ՚ի վարեց մէ ՞ օր :

Եւ անտից մեկ ընկեր այլ մարդ եղաւ մինչև ՚ի խօրմվօլ քաղաք . և մօացի միայն գաւուրս մէ ՞ : Եւ հատեալ ՚ի տութնուրան քաղաք բա_
զում աշխատութեամբ . և անտի գտի ֆաանկ սարկաւադ մէ , և ընկեր եղև մինչև ՚ի կաստիլար քաղաք : Եւ անտից ՚ի մեծն փոթեր քաղաք . և անդ(2) եր քօի պատանքն , որ արժանի եղաք տե_
սանելօյ : Եւ այլ ընկեր շատաց , մօացի միայն : Եւ ապաւինեալ ՚ի ՞ը յակօբու ՞ը աղօթքն (3), և յամենակարօղն աձ, և ելեալ բազում աշխա_
տութեամբ Հետիօտն գիմել՝ ելեալ գնացի բա_
զում քաղաքաւ, և հասայ ՚ի կասնկունիայ (4), և անտից կայստելիայ, և անտից ապզօնիայ : Եւ անտից բազում աշխատութէ միայնակ՝ զա՞ծ ու_

---

(1) Voyez p. 44, note 4.
(2) Manuscrit : անտի .
(3) Manuscrit : աղօթն .
(4) Lisez : կասկունիայ .

(72)

նէի յօգնական, և եկեալ հասի յաշխարհն պայ֊
ունայ. որ և քրիստոնեայքն մեծ սիրով ընդու֊
նեցան, և հարկեցին դշափն 'ի վեր. և կեցաք
Դ օր։

Եւ ընկեր չգտայ, ապաւինեալ յած և 'ի ս̃ք
յակոբ, և եկեալ դիմեցի (1) բազում յալուբս
աշխատութէ̃ յաշխարհն պիսխային, որ է ձկնա֊
կերաց (2) աշխարհն. ապիսկայ քաղաք (3) յեզր
ծովուն։ Եւ անտից 'ի սան սեբաստիան. որ սպի֊
տալէն (3) տեջըն այրն և կինն խիստ անչափ սեր
արարին և պատեցին դիս է օր, յայն քաղաքըն.
և երկու երեք անգամ, ժողովք արին ինչ։ և այն
քաղաքըն սերուն մարդ չէ տեսայ։

Եւ անտից 'ի ծովուն յափն 'ի ներս գնացի
բազում ալուբք (4), և ընդ որ (5) գնացի
խիստ հարկեցին հինգ վեց քաղաք։ Եւ անցեալ
գնացի բազում ալուբք, և հասայ 'ի մեծն
փօթըրնկալէթ. և կեցայ Դ օր։ Եւ եկեալ միայն
և հասայ խանթ անտեր (6). և անտից սանթե֊
լանայ. և անտից 'ի սան վիսան (7) եզր ծո֊

___

(1) Manuscrit : դիմեցին.
(2) Manuscrit : ձգնայ կերաց.
(3) Manuscrit : մսպիտալէն, c'est le mot italien *ospitale*.
(4) Le copiste a répété ici par erreur les mots : բազում ալ֊
ուբք և ընդ ալը.
(5) Manuscrit : ընդ ալը.
(6) Lisez : սանթ անտէր.
(7) Lisez : սան վիսան.

վուն, և շատ սեր արէն ինչ։ Եւ եղեալ անտից և եկի 'ի սան տալսաթուբ (1)․ և անտից 'ի պե֊
տանց քաղաքն։ Եւ անտից բազում' աշխատա֊
նօք՝ զած ունևի օգնական․ յոյժ աշխատեալ և
նուազեալ՝ հասայ յամենօրհնեալ և փառա֊
բեալ և տիեզերալոյս տաճարն և 'ի գերեզմանն
մբ յակոբայ, ուբ մբ մաբթինն է 'ի քաղաքն կա֊
լիցայ։ Եւ գնացեալ ման 'ի գերեզմանն, անկեալ
'ի վերայ երեսաց իմոց երկիրպագեցի, և մեղայ
թողութեն խնդրեցի՝ ինչ և իմ' ծնողացն և իմ
երախտաւորացն․ և բազում' արտասուաւբ զմա֊
փաք սբտի (2) իմոյ կատարեցի։

Որ է եղեալ (3) 'ի մէջ մբ սեղանին դեղին պղն֊
ձէ տապանի․ և զ կուլապպաբով (4) փակած․ և զինքն
մարդապէս շինած է 'ի վեբ և մբ սեղանին․ ուբ
նստեալ է աթոռով, և թաչ 'ի գլուխն, և 'ի
վրան փայտէ գումբէթով կապած։ Եւ եկեղեցին
խաչանման է, մեծ և փառաւոր գումբէթով, և
երկու դեսն գանկակ պուբճներ, և եկեղեցին զ
տապադայն (5) է մեկ կամաբէ վրա է, և շորս դուռ

─────────────────────────

(1) Lisez : սան սալվաթուբ․

(2) Manuscrit : սիբտիս․

(3) Le mot մարմին, *corps*, est sous entendu dans cette phrase.

(4) Le mot կուլպպաբ, կլպաբ, կուլալ, կուպղ, en arménien vulgaire ; կուպղ, en arménien litéral ; كوبل en persan, signifient *une serrure*.

(5) Le mot տապադայ, qui signifie ordinairement dans l'ar-

ունի․ Հարաադեցէ(1) դուռն ՚ի դուրս (2) կենիս՝ մեծ շատումական մի կայ, և սպիտակ փողխոզեն_
բով (3) նստել, և իւր նշաններն և հյուներն զենչ
որ բնդուեն ՚ի կոն կու ծախուի․ և յարեմտից
դրանն յարջեն ՚ի ցածալուի ադբիւբ կայ․ և յար_
լելից դրանն ՚ի մեջ և քն է նստեալ ատրով,
յադամայ մինչէ ՚ի կատարած աշխարհի զենչ եղեբ
է և զենչ որ լինելոց է զամենն նշանած է․ և զայլ
անբաւ վայելչութե՛ ով կարէ պատմել։ Եւ կե_
ցայ ձեռ օր․ այլ չէ կարացի կենալ, Թանկութէ(4)
էր․ և ՚ի մեղաց թողութէ խնդրեցի, և իմ ծնո_
ղաց, և ամենայն երախտաւորաց իմոց։ Եւ ուք
մարմինն էր ըք, Հատ երկաթով փանճարա_
յած (5) է․ և այլ շատ փառաւորութիւն կայ ըք
յակոբայ; բայց չէ կարացի գրով աբկանել։

Աւի գործնութիւնն սուրբ յակոբայ․ և ե_
լեալ դիմեցի յեզր աշխարհին, յեզր ատուածա_
ծինն (6), որ ըք պօղոս առաբեալն իւր ըք ձեռօքչ

───────────

ménien vulgaire, *une feuille*, est l'arabe طبقة, et il doit être entendu ici dans le sens qu'il a en arabe.

(1) Manuscrit: Հարաայ դեցէ․

(2) Manuscrit: ՚ի դուռս․

(3) Le mot փողխոզներ m'est inconnu; il est peut-être corrompu: c'est par conjecture que je le traduis par *tentes*.

(4) Թանկութէ, mot vulgaire pour Թանգութիւն․

(5) C'est le mot persan : پنجره, qui signifie *jalousie, persienne, fermeture grillée*.

(6) Je crois qu'il y a ici quelques mots oubliés, ce qui rend obs-

(Ե) շինել, որ Ֆրանկներէն ասեն սանթա մա֊
բիայ ֆէնէստիանայ (1)։ Բազում աշխատութէ
և բազում վեշտ քաշեալ ՚ի ճանապարհին. և
հանդիպեալ բազում փասակաբ գաղանաց, և
հանդիպեցաք վայրերին՝ մեծ և փասակաբ գա֊
ղանին. որ և ասացին թէ է հոգի եբրախալ (2) չէ
կարէբ անցնել, դու ի՞նչպէս ազատեցար։ Եւ
եկալ հասայ յաշխարհն հոլանի, որ և նոքա այլ
ճնշակերք են. և նոցա լեզուն չէ գիտեցաք. բայց
խստ կու հարկէին գմեզ, և մնէ ՚ի տուն կու տա֊
նէին, և կու գարմանային թէ մեզ ազատեցաք ՚ի
վայքներէն։

Եւ եկի բազում քաղաքաւ ընդ եզերբ՝ համա֊
տարած ծովին, և լեզու բնաւ չէ հասկանալ. բայց
փափէն (առած) թլթոյն (3) կու հարկէին (գմեզ)։
Եւ եկաք ՚ի քաղաք մէ, որ մեծ գետ կու գայր յե֊
զէն (4) ՚ի վայր կէ ակն (5) կամուրջ էր կապած։
Եւ անցեալ հասայ ՚ի մեծ վելվալ, և կեցայ

____

cure la pensée de l'auteur, je l'ai déjà remarqué, ci-devant p. 49, note 2.

(1) Lisez: ֆէնէստիռայ, *fenestira*.

(2) Je crois que le mot vulgaire եաբախ, répond au turc یورك, *cœur*.

(3) Manuscrit: թխտոյն.

(4) Manuscrit: յեզն.

(5) On doit remarquer que le mot ակն, qui signifie *œil*, est employé ici pour designer l'*arche d'un pont*, la métaphore, est facile à comprendre.

անդ գ̄ օր։ Եւ ելեալ անտի գնացի եէ օր, և
հասայ յամենօրհնեալ քաղաքն 'ի կեթաքիայ,
որ և մեծ հարիօք պատուեցին զմեզ. և կեցայ անդ
է օր։

Եւ գոեալ մեծ նաւ մի, որ ասացին եէ ձա֊
զանդար (1) քեուն ունիմ· և աղաչեցի գերեցա֊
նին (2), եէ ասեք որ զես այլ 'ի նաւն առնուն,
այլ չեմ կարել քալել, անձինս տագարին (3)
հատաւ։ Եւ նոքա կու գարմանային եէ զայսչափ
աշխարհս գոհն ոնց կացեր հեռաւակ քալել։ Եւ
վնացին զնաւն տեքն աղաչեցին մեզ (համար՝ եէ)
այս հայ կարգաւորն (4) 'ի նաւդ ասեք, (որ) հե֊
ռաւ աշխարհէ եկեալ (5) է, և չէ կարել ցամաքով
'ի յետ դառնայ։ Կարդացին զպապին թուխան,
որ լսեց և ասաց՝ եէ կանուէ 'ի նաւս. և ապա
ասացեք զօրա որ գտենայ որ ես համատարած
ձովով (6) կերեամ, իմ նաւս պազիրկան (7) է

---

(1) Le mot դանդար, դանէար ou խանէար est le mot
arabe قنطار.

(2) Իրիցանք est la forme vulgaire du pluriel երիցունք.

(3) Ce passage me paraît corrompu. C'est par conjecture que je l'ai
traduit.

(4) Manuscrit : կարգաւորին.

(5) Manuscrit : եկել.

(6) Manuscrit : ձովկով.

(:) Պազիրկան est le persan بازرکان, marchand, en arménien littéral, c'est վաճառական.

(77)

մտնէք, այս կատակը մարդա որ կայ, նաիւ ծառու֊
թվորք (1) են, մենք վմեր աբեւուն թարեն տվեր֊
ենք, և աձ ապաւինեք, թէ նասիպս (2) բերէ որ
աձ ապառէ վմեզ որ բոլորենք դաշխարհան, այլաւ,
և թէ էչ նայ պայն աձ գիտէ, այլ 'ի հող ճաք
շունինք գնալու՝. թէ դու այլ կամք ունիս, իսմա
բարի, արեկ 'ի նաւս, դճաց դու գեր դու գիսում (3)
մի հոգալ. քո վարձքն այլ քեզ, այն կարդա֊
որքն (4) թէ մեք այլ հոգի ունենք դղորա պաքսի֊
մատն (5), և գենչ որ աձ պատրաստեալ է մենք
կու հոգանք: Պարճայ 'ի քաղաքն, և ժամուն
ատեն հասկացուցին ժողովըբեանն՝ թէ այս հայ
կարգաւորս 'ի նաւ կու մտէ, ձեր տղայոց արեւուն
համար և ձեր հոգուդ (6) իրենս ագինս (7) ժողով֊
եցէք: Անշափ բարի բերին՝ որ քանի շատ
ուտէին չէր հատնէր: Ես մտաք 'ի նաւս նոր կե֊
րակին գ շաբթի օրն. և կէ որ դաշխարտս բոլո֊
րեցաք, և եկաք եգը աշխարտէ քաղաքն: Յան֊

_____

(1) L'expression vulgaire ծառութվորք, employés, dérivé de ծառայ, serviteur, ne se trouve dans aucun dictionnaire.

(2) Նասիպ, "la fortune, est l'arabe نصيب.

(3) Խում, boisson, mot employé dans l'arménien vulgaire seulement.

(4) Il paraît qu'il manque ici quelques mots, ce qui rend le sens douteux.

(5) Պաքսիմատ, est un mot vulgaire qui signifie du biscuit.

(6) Manuscrit : հոգում.

(7) Ագինս, est le mot turk أزق, provisions.

6

դալուզիայ (1) եկաք ՚ի ան քաղաքն որ ՚ի մէջ ծովուն էր. եւ կեցաք ՚ի յայն քաղաքն ժէ օր. զի մեծ ալեկոծութիւն հասաք ու հանդիպեցաք, եւ կասարքն (2) պատառեցաք, եկին այն տեղն շեներին։ Եւ ինքն խիստ գեղեցիկ քաղաք էր, փոքրիկ եւ փառով եւնէաք։

Եւ այս տեղացս (3) բաժանեցայ եւ գնացի ՚ի սանթա մարիայ կատալուքն։ Եւ յանոից ՚ի սեպելիայ, որ գլխաթունն տեսայ՝ եւ յետ դարձայ։ Եւ եւեալ յանոից նաւլս եւ ժ̄ օրն եւեալ հասանք յաշխարհն մաղբեպացոց, զի քամին ՚ի դեմ էր եւ ֆուրթունայ (4) էր, եւեալ եւան ՚ի սալաւբրունա։ Եւ ես այլ ՚ի նաւ չէ մտայ, եւայ կեցայ գ̄ օր, եւ եւեալ միայն միայնակ ՚ի մաղշեպացոց մէջն ՚ի ներքս մեծ մի լեռ անցայ, որ յերկու սոր ՚ի կեսան եկէ, եւ եկի ՚ի մաղշեպացոց թախտն ՚ի կրետան (5) որ խաթունն էր առեւ, մեծ եւ բարեւլէ քաղաքն։ Եւ կեցայ ժա̄ օր։ Եւ եւեալ, ե̄ օրն եկի ՚ի մեծն աճայեն, որ անդ (6) էր մեկ դատառակն քնի։

———————

(1) Manuscrit: յանդ այլ ուզիայ.

(2) Կասարք, *avaries, fractures*, est un mot arménien vulgaire, dérivé de l'arabe كسر, qui signifie *rompre, briser.*

(3) Եւ այս տեղացս, sont répétés deux fois dans le manuscrit.

(4) Ֆուրթունայ, est l'italien et l'espagnol, *fortuna,* tempête.

(5) Voyez ci-devant, p. 55, note 4.

(6) Manuscrit: անտ.

Եւ եկեալ անտից ՚ի պայիսայ, և անտից յուլվեթայ, և անտից ՚ի սան ըստեֆան. և յան֊
տից ՚ի պուրզուս։ Եւ ֆասի ՚ի ենելայ, որ և
ներբան ցաւ եղայ, և կեցայ Ե օր. որ պարոնն
Հոբիմն արաւ հաքիմն (1), որ քիշմի լաւցայ։ Եւ
յանտից ամանց. Եւ անտից ՚ի ֆալատեղ. և ՚ի
մուլքն, և անտի ՚ի մեծն սաղիլայ, որ էր իւր
տուն. և անդ կրկին Հիւանդութիւն քաշեցի փոր֊
ցաւ (2) եղայ, և այն կարգաւորքն մեծ սիրով ըն֊
դունեցան, և ինչ ծառայութիւն արին մինչև որ
աողջացայ։ Եւ ելեալ գնացի այլ վերայ։ Եւ
անտից ժէ յօր Հասայ ՚ի մեծն վայենցիայ, որ
էր Հայ տուն, և կեցայ Դ օր։ Եւ յանտի գնացի
իմ օրն ՚ի մեծ քաղաքն պարսալոն, որ էր Ղ։ա
տուն. և կեցայ Դ օր։ Եւ յանտից ՚ի բըբըեե֊
այն։ Եւ անցեալ յաշխարհն կաղալեն, և գնացի
գաւուրս ԺԴ, և ֆասի յաշխարհն ցեցելայն։

Եւ անցեալ բազում քաղաքաւ՝ յաշխարհն
ֆրանցուզաց, գաւուրք բազումք անցայ յաշ֊
խարհն տուքրդ միլանին։ Եւ ելեալ յամապահ
քաղաքն Ֆրկալուլ, և խիստ մեծ Հարկոք պա֊
տուեցին զիս. և ժէ օր տնե ՚ի տուն մեծարե֊
լով․ մծ շեն պատե գերենք։ Եւ ելեալ Հասաք
՚ի մեծն յալէքսանդրեայ։ Եւ յանտից գաւուրս
բազումս եկեալ Հասայ ՚ի ճենիվիկ քաղաք.

---

(1) Հաքիմ, médecin, expression empruntée à l'arabe حكم .
(2) Manuscrit: փորձաւ .

(80)

եկայոք 'ի նաւ մտնուլ և գայի 'ի յիմ' աշխարհն․ նայ ծովն պղտոր էր՝ եաղութիւն էր, չէ կարացի մտնուլ 'ի նաւ, դարձայ 'ի յետս ։ Եւ շատ աշ֊ խատութէ բազում աւուրս հասայ յուլվեթայ, որ ոսկով եղներ էկանկնեցուցած ։

Եւ եկայ բազում քաղաքաւ հասի 'ի մօնթի և 'ի փիասկաւ և 'ի ֆէրէրպալ, և յանոհց բա_ զում քաղաքաւ՝ բազում աւուրբբ՝ եկեալ հասի դարձեալ 'ի Հռում քաղաք առ ուստ մէկ գլխաւոր առաքելոցն Թվին ջեա. փետրվարի ի․ մեծ պա֊ հոց մտայ 'ի մեծն Հռում · և եկեալ հասի 'ի սանթա մարեայ, և մտայ 'ի նաւ և բազում փոր_ ձանաց դիպայ, որ և մահն յօժարեցայ և ոչ պայն վերտ քարշ։

փառք յաւիտեանս ամէն ։

www.ingramcontent.com/pod-product-compliance
Lightning Source LLC
La Vergne TN
LVHW021001090426
835512LV00009B/2009